復刻版 君ひとの子の師であれば

国分一太郎
kokubun ichitaro

新評論

復刻版の刊行にあたって

新評論　編集部

本書を、これまでに何回読んだだろうか。たぶん一〇回は超えていると思う。そして読むたびに、編集者である私も「教師になりたかった」と思ってしまう。

本書は、一九五一年にまず東洋書館から刊行され、一九五九年に出版元が弊社に移ったあと、「新装版」「新版」と装いを新たにしながら一九八五年に最後の重版を行い、その在庫がなくなるまで読み継がれてきたものである。あまりにも古い本のことゆえ確かなデータは残っていないが、たぶん弊社における累計販売部数は一番となるであろう。

そのような本書を、二〇数年ぶりに復刻することにした。もちろん、理由がある。それは、本書を著した国分一太郎ほど、教師を「職業」として捉え、学校を中心とした地域コミュニティを意識した人はいなかったのではないだろうか考えるからである。

かつて（一九五〇年代〜七〇年代）、「でもしか先生」と呼ばれた時代があった。高度経済成長にともなって教師の採用枠が急増し、「ほかにやりたい仕事がないから先生でもやろう」

とか「特別な能力がないから先生にしかなれない」などといった消極的な動機から教師の職に就いた人がいた。

しかし、一九九〇年以降、バブル崩壊や少子化に伴って教師の採用枠が激減したため、学校教育に対して強い熱意をもった者しか、高い競争率となった教師の採用試験を合格することができなくなった。そして今、イジメ、学級崩壊、モンスターペアレントなどが理由で、教師になることを敬遠する風潮があると聞く。とくに、大都市においてそれが顕著であると言われている。

確かに、近年は今挙げた言葉などが教育界を乱舞し、学校現場を取り巻く環境は決してよいとは言えない。それだけに、教育に携わっている人々のご苦労が多いこともよく分かる。だからといって、様々なトラブルを閉鎖的な空間内で処理してしまう姿勢はいかがなものだろうか、と思う。

著者は、「親たちが、かわいい子どもを、学校に出してよこすのは、小さい旅に出してよこすことだ」と言っている。そして、「せまい家庭という集団から、やや広い社会に、修業によこすのです」とも言っている。そう、「やや広い社会」に子どもたちは毎日来ているのである。この事実を、教育界だけでなく、すべての大人が改めて考えなければならない。

二〇一一年三月一一日に起きた東北大震災以後、「子どもたちのために」という言葉が流布し、「絆」が叫ばれている。もし、本当にそう思うなら、まず子どもが体験することになる「やや広い社会」の役割を追究し、少なくとも小学校区における地域のあり方を模索すべきであろう。

言うまでもなく、未来社会を構成するのは現在「子ども」と称される人たちである。その子どもたちに、社会を構成するうえにおいて必要とされる知識や文化などを伝承していくために一番の役割を担っている教師の存在意義を、今改めて考え直すきっかけとなればと思い、本書を復刻することにしたわけである。

なお、本書を復刻するにあたってはレイアウトが少し変わったことをお断りしておく。初版は活版印刷によって組まれていたわけだが、今回新たにデータ入力をして新組みとさせていただいた。また、旧版にはなかったが、本書に挙げられている人物に関しては簡単な紹介文を巻末に掲載することにした（本文の行間に＊を記した）。それ以外は、一九八三年に刊行した最終版（「君、中学校の師であれば」について、も含む）のままである。

ニューバージョンとなった『君ひとの子の師であれば』を読まれた方々の「未来」に、我が社としては期待したい。

それにしても、こんな素晴らしい感性をもった「先生」に教えてもらいたかったと、やはり思ってしまう。そんな国分一太郎の教育理念を受け継ぐべく、また、後進を育てたいとのことから、国分一太郎が創設して、乙部武志が継承した「綴方理論研究会」（代表・乙部武志）

をはじめ、これを母体をして全国組織とした「国分一太郎『教育』と『文学』研究会」（会長・田中定幸）や「国分一太郎・こぶしの会」（会長・大江権八）などのグループが定期的に活動を繰り広げておられる。

二〇一一年七月には、「国分一太郎生誕一〇〇年の集い」が生まれ故郷の山形県東根市において開催され、国分一太郎の赴任校であった長瀞小学校（現在の長瀞公民館）には記念碑が建立された。その碑には、viページに掲載した国分一太郎直筆の詩が刻まれている（表4の写真参照）。

これらのグループの活動に興味をもたれ、国分一太郎の詳しい業績などを調べたい方は、下記の住所に連絡していただきたい。

最後になりますが、本書を復刻するにあたって、著者のご長男である国分真一さま、「綴方理論研究会」の乙部武志さま、「国分一太郎『教育』と『文学』研究会」の榎本豊さま、「国分一太郎・こぶしの会」の村田民雄さまに大変お世話になりました。多くの資料や写真などをご提供いただきましたこと、この場をお借りして御礼申し上げます。

二〇一二年　九月

・綴方理論研究会　〒155-0033　東京都世田谷区代田６の19の２　乙部武志方
・国分一太郎『教育』と『文学』研究会事務局　〒332-0023　埼玉県川口市飯塚１の12の53　榎本　豊方
・国分一太郎・こぶしの会事務局　〒999-3737　山形県東根市大字若木5843の12　山田亨二郎方

毎年開かれている墓前祭の様子

この墓前祭は、国分一太郎先生が亡くなられた翌年から続けられている。国分家のお墓の前で、国分先生に関係した著作物の一節を読んだあと、お墓の周りに咲いていた野びるをきれいに洗い、それを酒のつまみにして献杯して故人を偲んでいる。数年前から夏の時期に研究会がもたれているため、この日には、国分家を継いでおられた先生の弟国分正三郎さん（2011年、90歳で没）のご子息が、田舎のうまいものを差し入れて下さっている。なお翌日は、講演会と分科会を開いて業績を受け継ぎ、国分先生の考えを広めている。（2012年夏。写真提供：榎本豊）

君ひとの子の師であれば

作曲　野間　義男

君ひとの子の
師であれば
とっくにそれは
ご存じだ
あなたが前へ行くときに
子どもも前を向いて行く
ひとあし ひとあし
前へ行く

国分一太郎

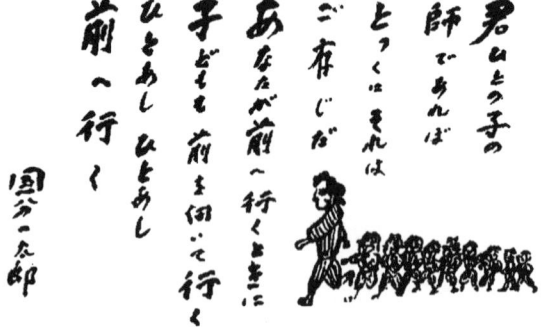

新版にあたって

このたび、新評論では、この本を改版して、いままでの新書版ではないものにするとのことです。ですから、この本は、一九五一年八月に東洋書館から刊行されたときのＢ６判から、一九五九年一月、新評論にうつっての新書版、こんどのＢ６判というように、三たびその姿を示すこととなりました。

おもえば、あの本を書いてから、三十二年間もたつのですが、みなさんによくもかあいがっていただいたものだと、われながらおどろきます。そういえば、この本がはじめて世にでたころ、よろこびむかえてくださったわかい先生がたは、いまはもう校長か教頭などになっています。いや、すでに定年になって学校をしりぞいたかたもいるのですが、たぶんは、そのような先生がたが、あのころのことを思いおこして、いまのわかい先生たちに読むことをすすめてくださったのでしょう。わたくしは、それをおもって、かたじけなくおもうほかはありません。

こんど改版となるにあたって、新書版になったときの「補章」をはずし、そのかわりに「君、中学校の師であれば」というのを、新しく書きそえることといたしました。これは、そこにも書いておきましたように、『君ひとの子の師であれば』の中学校版を、おおやけにしてくれとのねっしんな要望に対する、わたくしのせめてものおかえしでもあります。ささやかなものですが、そのようにおうけとりねがいます。

一九八三年三月十三日七二回目の誕生日に

国分一太郎

もくじ

第1章　実り多き日々の歩みのために

第4章　生きた社会においたつもののために

第5章 教えるものの確信のために

補章 「君、中学校の師であれば」について

君ひとの子の師であれば（復刻版）

第1章

実り多き日々の歩みのために

1 誕生日

年末になれば、あなたは、日記か、豆手帖をお買いのことと思います。教育手帖というものもありますね。

お買いになりましたら、まず、三月までのじぶんの受け持ちの子の誕生日を、その日記に記録しましょう。

四月になったら、新しい受け持ちになった子どもたちの誕生日を、忘れずに記録しましょう。日記やポケット・ダイアリーの、それぞれの日付のところに、「だれそれ生まる」とかきこむのです。四月十二日、佐藤健太郎生まる、五月三日、進藤ヒデ子生まる、五月二十五日、山田一郎、鈴木春子生まる、というように。妻や子どもや、きょうだいのあるひとは、それもいっしょに。

そうして、どうするというのでしょうか。

四月十二日の朝、教室にはいる前に、かならず、その豆手帖をひらきましょう。

「おお！　あのはずかしがりやの佐藤健太郎生まるか！」

教室にはいって、朝のあいさつが終ったら、

「きょうは、佐藤健太郎君が、この世のなかに生まれた日ですね。佐藤健太郎君のいのちの

はじまりの日ですね。みんなでお祝いしてあげましょう。さあ、おめでとう。手をうって」と、パチパチ、でこぼこ顔で、はずかしがりや、まともにこっちもむかれない、その佐藤健太郎を祝福してあげましょう。

たとい、そのクラスでは、その月誕生の人びとのため、まとめて祝ってやる誕生会といったものが、自主的におこなわれていたとしても、その日はその日で、教師のまごころを、簡単に示してやりましょう。一、二年ぐらいなら、かねて用意の美しい造花でも、その日生まれの子どもの胸には、その日いちにちさしてあげてもよいでしょう。

農村では、その忙しさもてつだって、わが子の誕生日を祝ってやる家などは少ないのです。子どもの四、五人もいようものなら、すらすらと生年月日をいえる親はなかなかおりません。まして誕生日に、セキハンをたいてくれるようなうちなどは、かぞえるほどしかないでしょう。

そんなとき、ともかく、先生だけは、その感化でじぶんの級友たちだけは、じぶんの生まれた日を忘れずに祝ってくれたとしたら、その子どもにとっては、どんなにうれしいことでしょう。これは、ひとりひとりのいのちを、かけがえのないものとしてだいじにする、わたくしたちの人間教育からいっても、たいせつなことだと思われます。日本国の象徴である天皇の誕生日を祝うことよりも、もっともっと、みぢかなことだと思われます。

あなたは、お気づきになっていませんか。

四月はじめは、なんど、子どもの生年月日を、帳簿やカードや紙片にかきつけることでしょうか、学籍簿から出席簿へ、身体検査簿へ、その小票へ、あれからこれへとかくように。そして、それは、発育概評をつけるとき、満年令をきめるとき以外には、べつに役だてることのないものでした。

ちょうど、被疑者をしらべる警察官や検事が、住所は、姓名は、生年月日は？　と問うように、もんきり型の、生命のないものに、とりあつかわれていたのでした。

むろん、月々の誕生会がひらかれている学級もありましたが、もっと、てっとりばやく、ある種の感動をこめて、その子の生まれた日が祝われるということはないのでした。

ひとのいのちを、ことのほか大切にするわたくしたちは、こんな生年月日の数字をも、たんなる数字でないとりあつかいをしたいと思います。

まして、その子が、ガリレオ*やマダム・キュリー*と同じ日の生まれだというようなときには、ガリレオやキュリー夫人のお話をして、うんとはげましてやりましょう。

2　元気はどう？

毎朝、教室にはいったら、朝のあいさつのあとには、きっと、

「みんな、かげんはどう?」

とたずねるような習慣をつけましょう。

これは、東京の児童の村小学校で、主事をしていた野村芳兵衛*先生も、やっておられたと記憶します。野村さんのクラスでは、

「大丈夫!」

と、健康な子どもが答える例でした。

「かげんはどう?」

と、きかれたら、歯がぬけそうで、いらいらしている子は、

「歯がぬけそうです」

と、答えるようにしておきましょう。

「腹がいたいのです」

「かぜひきかげんです」

「おしりのところに、おできができています」

正直に、こういう習慣をつけたいものです。元気な子は、だまっていてもよいでしょう。

その日その日の子どもたちの健康状態、それを知っていて、その日の教室生活を進めていくことは、いのちを、生きものをあずかっている教師にとって、わすれてはならないことがらでしょう。

そして、この習慣をつけておくことは、教師のひとりよがりなこごとをなくするためにも役だちます。

おしりのところに、おできができていることを知っていれば、

「こら、さっきから、なぜ、からだをぐらぐらしてるんだ！」

などと叱りつける必要はないでしょう。むじひな叱りかたをすることによって、ひとの気も知らない先生だと、子どもから、いやに思われることもなくなります。歯がぬけそうで、いらいらしている子の、そわそわした態度にも、寛容な態度が示されましょう。

「こら！　さっきから、口に指をつっこんで、なにをしているんだ！」

などと、封建的な怒号を発する必要もなくなりましょう。まして、

「わたしはなんでもありませんけど、ゆうべから、おかあさんが病気で心配です」

と、いうようなこともきけるのなら、それには、それへの同情も必要でしょう。

短かい時間ですから、

「ヤギの子が、きょう生まれることになっているから気がかりです」

などと、こんなことまでいわせることはできませんが、とにかく、教師たちが、子どもたちの現在のしゅんかんの状態をよく知っていて、ひとつひとつのコトバを発することは、とても大切なことだと思われます。

つまるところは、「死ね、死ね」と教えてきたような、日本のいままでの教育を、「生きよ。

よく生きよ」とさけびかける教育にあらためるには、まず、子どものいのち、子どもの健康を、いつもきづかうことが必要です。

この意味で、わたくしたちは、その日のしごとがはじまる前に、まず、

「かげんはどうか?」

と、たずねることを、日々の習慣にしたいと思うのです。健康教育ということについては、口やかましくいわれておりますが、美しく完備された衛生室をつくることよりも、こんな小さいこころづかいが、どんなに大切なことでしょうか。

「きのう、ハチにさされたのです。あははは」

まるで新ジャガみたいにふくれた顔の、月曜日の子どもから、こういうユーモアをきくことも、その朝の空気をなごやかにするには、きわめて有効でしょう。

——学校にいっても、心配で心配で、ろくろく勉強ができませんでした。

こんな文章を、その日からずっとあとにかかれた子どもの文章で知って、

「なるほど、そうだったのか。母親が病気だったのか」

こんなことを思ったのでは、どうも、おそきにすぎたというものです。

3 「いのちあっての物種」の教育

親たちは、わが子よ、丈夫であってくれとねがっています。バカであっては困るけれど、もしもバカなら、しかたがない、からだだけは健康であってくれとのぞんでいます。わたくしたちは、そのひとの子のいのちをあずかっている人間です。なま身のからだをもっている人間をあずかるしょうばいです。

一日に一回は、かならず「いのちあっての物種！」というコトバを、みんなといっしょにさけびましょう。からだ（肉体）はいのちのつきものです。いのちがなくなれば、からだは、なきがらです。からだがだめなら、いのちはなくなります。したがって精神はなくなります。唯物論が、どんなにきらいな人たちでも、このことを信じない人はありません。

「いのちあっての物種！」

この考え方を徹底的に子どもの頭にふきこみましょう。

そうすれば、人のからだ、人のいのちを大切にしない人間のおこないは、悪の悪だという道徳の基礎もつちかわれます。人をなぐったり、きずつけたりすること（暴力）も、いけないことだとわかります。わたくしの知っている子で、他人の耳の先を、すこしばかり切ってみた子どもがありました。なんということなしに、切ってみたくなったというのです。きら

れた子が泣きだしたので、びっくりしているのです。はじめは、新しい小さなハサミを手にしたのがうれしくて、

「すこし切らせてみろな」

「うん」

毛でも切るのだと思ったら、耳だったということです。

いのちあっての物種ですから、「からだが第一主義」です。「死んだら、なんにもなるもんか」式です。「死ぬことは生きることなり」などはウソです。皆出席の賞状がほしいからといって、フラフラのからだで、へどをはきはき登校すること、母親につれられて学校に顔出しにくること、こんなことはやめるようにしなければなりません。

「死んだら、おしまいです。算数の二、三ページの勉強がおくれても、そんなことがなんですか？　これから七十年も八十年も生きるのです。一週間ぐらいねることなんか、なんでもないことです」

こういいきかせてやりましょう。病気の友だちに手紙をかかせたとき、

「先生、早くよくなって来てくださいなんてかくのいけないべ。読本はどこまで進んだなんてかくのもよくないね」

子どもはこんなことをいいました。そのとおりです。

病気になったが、金がないので医者にもかからずにいる子ども、こういう子どもがいたら、

こちらから医者をつれて行くことです。金はまってくれとたのまなければなりません。こんな借金証書なら、うんとたくさんかくことです。あとで町村の児童委員に相談することです。

インチキ療法については、ひまのありしだい、口をきわめてののしっておくことです。子どもじしんがかからなくなります。

肺結核には、だれもがかかるもんだということ、それはなおるもんだということ、これは、中学卒業までには、くりかえしくりかえし教えておかなくてはなりません。ことに、将来都会に出ていく子どもには、初期のようすといっしょに、しっかりのみこませておくことです。

人間のからだは、そうひどい働きにはたえられないものだ、ムリをすればダメになるものだ、これも、しっかりわからせておくこと、休むことが不道徳でないということを、心から信じこませること、これは八時間労働とか、休息時間の要求とか、近代以来の労働者階級の希望をわからせることになります。百姓も、そう思うようにならなければ、農村の進歩はありません。

うまいものを適当に食べるのはよいことだということ、それはぜいたくではないということ、それを栄養の話と結びつけて考えるようにさせること、これも大切な勉強です。まずいものばかり食っていては、体力がつづかないし、精神もさわやかにならないし、早く死ぬということも、ぜひわからせなければなりません。四十すぎると「うちの父ちゃんも年よりになったので」とかくのなどは、ほんとうはまちがいだと教えなければなりません。

みんながみんな「うまいものでめしをたべる食べかた」ができるようにしたいものだという希望、これは社会正義のもとになります。「いのちあっての物種」ですから、他人の行為の善悪を判断させるのにも、この人は、他人のいのちを大切にする人か、そうでない人かを、まず考えさせなくてはなりません。ヒューマニズムの教育なんて、それを土台にしてしか出発はできません。

　積極的な体育、体操や遊戯のきらいな先生はもうだめです。その時間をつぶして、おくれた学科をやるような先生は、ひとのいのちをあずかるねうちはありません。体操がへたなら、野原にでも、公園にでも、ひっぱり出して、思いきって遊ばせてやることです。けがをさせないように気をつけて、木のぼりでも、草原でのデングリ返りでも、大いにさせることです。つかれたら、野原の草の上に、ねそべって、空をとぶ雲でもながめさせることです。

「このごろ、よく眠られない人はないかね」と、よくきくことも大切です。

「一日一回は、うんこをするかね」とたずねてみるのもよいことです。

　一月に一回、体重をはかること、これは健康教育での何よりのしごとです。

　さまざま、書きましたが、とにかく、「先生は、バカみたいに、からだのことを、いのちのことを心配しているなあ」と思われるくらいな存在になっていいのです。

　いのちあっての物種！　これは、なんという、生き生きとした、そして、いつまでも新しいコトバでしょう。いままでの教育では、どうもこのことを忘れがちであったようです。

4　よむ力をつけるために

単元学習だのなんだのといわれるので、読みかたの指導がわからなくなったという人があります。

なあに、かまいません。だれがなんといおうと、わたくしたちは、文字・文章でかいたものをよむ力、正しく、はやく読む力、文章のなかみになっている思想や感情を、すらりとつかみとる力、その内容が正しいかどうかをみわける力、そんな力を養えばよいのじゃないですか。本をよむことがすきになるようにさせればよいのでしょう。そのために、やってみたらよいと考えることがらを、すこしばかりあげてみます。どれでも、これはと思ったらやってごらんなさい。

漢字せいばつ

いまの世の中では、必要な漢字だけはよまれるようにしてやらないと、社会の落後者になってしまいます。すこし、くふうする時間が必要ですが、その学年の間に、読本に出てくる全部の漢字が、かならず一度は出てくるような文章を、あなたか、学年担任のみんなで作ることです。少しムリでも作ってしまいましょう。先生の綴方でけっこうです。ガリ版ずりでザラ紙一枚にはいる程度だと好都合です。

第一回目は、全部の漢字にフリガナをつけておきます。それを一枚ずつ与えて、それを幾百回もよませることです。幾十回でも書かせることです。昔教育勅語を暗記させたようによませることです。第二回目には、同じ文を、フリガナをつけないでわたします。また何百回かよませることです。何十回となく書かせることです。これで、ひととおり漢字せいばつは終りましょう。これはすごい訓練であってよいのです。

昔の人が、自習時間に、「あれを一字一句まちがわずに謹写させると、二時間もつぞ」といって、教育勅語を暗記させたのよりは、ずっと役にたつ方法です。

漢字カードの利用もよいことです。子どもにカルタみたいにして、遊ばせるわけです。中学生が英語の単語カードをつかうようにして、使わせるのもけっこうです（表に漢字、裏にカナ）。

教師用には、ハガキ大のカードをつくります。右上を少しだけななめに角をたおして、そろえるのに都合よくいたします。かなり大きく筆で字をかきます。うらにはカナをかいておきます。国語の時間の始めにでも、算数のときの暗算練習のように、「さあ、漢字の暗算！」といって、一枚ずつ、どんどん、どんどんよませます。ひとりひとりにも指名してよませます。

書かせる練習のときには、十枚ぐらいを、裏を出して、ピンで黒板にとめるのです。みんなはノートにかきつけます。終ったら、十人を黒板の前によび出して、そのカードの下にかかせます。その正否を正します。筆順のちがいは訂正します。そのとき、字のかっこうのおもしろさなどにもふれていって、その字についての印象を深めます。また別な字をやらせます。何回かくりかえします。

文章をよむときも、「ジャマになる字」（それは大ていい漢字です）をせいばつしなくてはなりません。日本の文章は、これがあるからめんどうなのです。

バラバラよみのバラバラ発表

一、二回全文をよませてみます。長い文章はくぎります。ここから、ここまでをよんでごらんなさいと。終ったら、バラバラな発表をさせるのです。ひとりひとりの子どもによって、つかみとりかたがちがいます。よその子は、他人のバラバラ発表をきいていなくてはなりません。ひとりが発表したら、それは、どこから主につかみとったかを、文章のところを、指か鉛筆の先でおさえさせるのです。

数人の発表をまとめると、たいてい全文の内容のあらましがわかります。また、よみます。はじめに、部分的にしかつかめなかった子が、よみたりなかった点に気づきます。だんだん、全体をつかみとることになれてきます。はじめは、おとなたちが本をよむときだって、こういうものではないでしょうか。

段落と接続詞に気をつけさせる

文章のところどころに、段落があるのは、ここで、ひとくぎりしなければならない必要があってのことです。だから、このひとくぎりずつのところにかかれている内容を掘り出すよみ方をさせねばなりません。その文章の上らんに、「何何のこと」とかかせるのもよいしごとです。物の本にも、それをかいてあるのがたくさんあります。

接続詞に気をつけて、文章をよむくせをつけさせることは、人間の論理の進めかたをたどらせる読み方の指導としては、ごく大切です。どの文章かをとってごらんなさい。「しかし」「だが」「けれども」「それで」「だから」「それゆえ」「そこで」「そこへ」「それから」「こうして」といったコトバが、きっと出てきます。文章の流れは、これでつづいていくのです。これをかぎにして、文をよみとる力もつけられます。

時の変化を示す言葉に目をつける

これも、なかなか大切です。「ある日のこと」「まもなくして」「さて、その次の日」「しばらくして」「あれから何日かたって」「今は」——というように、文章（とくに文学的文章）には、時の変化を示すコトバが、しきりと出てきます。

それに着目させてごらんなさい。「時間をあらわしたコトバに線をひきなさい」などといって。文章を、その変化において、すらりとよむめやすが出てきます。

肯定と否定に目をつけさせる

文章をよむときに大切なことは、これをかいた人が、「こうだ」といっているのか、「こうでない」といっているのかということです。それは、文章の肯定文か否定文かできまります。それが、かわるがわる出てきて、接続詞で関係があきらかにされて、ついにどちらかにおちつきます。子どもたちにも、それに注目させましょう。「作者はいったいどうなんだ?」「こうこうこうだから、こうだといっているのか」「こうでない」といっているのか。

作者がたとい、まちがったこと、ウソのことをかいていても、とにかく、その文章については、こうかいてあるのだと、そのまま読みとるようにしなければなりません。それに共鳴するか、それを信ずるかは別問題です。とにかく「筆者はこうかいているのだ」ということを、肯定と否定のコトバに注目させて、よみとらせることが大切です。

新聞なども、いちおうは、そういうよみかたをしなければなりません。文学的な文章では、この点少しふくざつになりますが、根本においては同じでしょう。その際は「ねらい」が何であるかを、よくよみとらせなければなりません。

じぶんの立場でよむ力

文のよみかたの最後の段階はここにきます。筆者はこうだといっている、筆者はこうでないといっている、しかし、「自分はそう思わない、そう考えない」とか、やっぱり「自分もそう思う、そう考える」とか、こういうことを、あきらかに考えながらよませることが大切です。そのさい、子どもの場あいには、じぶんの生活経験をたてにとったり、今まで別の本でよんだことをものさしにしたりして、意見をいうことになるでしょう。生活経験がもっと深くなれば、いっそうよみとりかたはちがうでしょう。新聞記事をよむときなどは、この態度がなくては、うっかり新聞もよめません。本をよんで、とくをしたか、損をしたかも、それできまります。

じぶんの身のまわりの現実、ひろい社会の現実、ついで自分の世界観などとひきくらべながら、他の人の文章をよむ力は、もっともっと、しんぼう強く育てなければならないでしょう。これはもう、おとなの社会での読書にもなるからです。

そのほか

声をたてないで、つぎには、くちびるをうごかさないで、目でよむ練習もぜひさせなければなりません。

あてがわれたものをよむことから、借りてよむ、買ってよむという方へも発展させなければなりません。じぶんで選択してよむという段階にゆくには、なかなかたいへんです。

ゆっくりよむのと、すばやくよむのと、これについても、指導の目的に応じて、かげんしてみることが大切です。が、わたくしたちとしては、もっともっと早くよむ、よけいによむということも大切にしなければならないでしょう。

文章のはぎれのよいものはわかりやすいわけです。しかし文章には、そうでないものもあります。センテンスの長い、まわりくどい文章もあります。そういうものは、ある部分をぬきだして、その意味のとりかたを、親切に教えなければなりません。算数の本や、社会科の本の文章などには、わかりにくいものもたくさんあります。そんなときには、その時間にでも、よみとりかたの指導をなすべきです。

よみかたの指導は、なにも、国語の時間とばかりきまってはおりません。わたくしの知人が、算数の本の文章をつかって、国語の研究授業をしたら、みんなから笑われた、文句をつけられたといっていましたが、こんなバカなことはありません。

文章の「小道具」に注意することも、日本語の文章をよむには大切です。つまり「て、に、を、は」ことです。これは、文章をかかせるときも同じです。子どもの思考力をこまかにすることになります。

「ぼくはそんなことまで知りはしないよ」

「ぼくが、そんなこと知るもんかね」

5 コトバのしっぽ

いなかの子どもは、教師や友人から何かきかれて答えるときでも、（とくに共通語をつかうことを奨励しているときには）すぐすわりこんでしまいます。コトバのしっぽを、ムニャムニャとにごして、こしをおろそうと焦ります。

こんなとき、先生は、

「またすわる！　すわらないで、おしまいまでいいなさい。こら、もう一度立っていいなさい！」

と、封建的な怒号を発して、おこっています。

こういうときには、どうしたらよいでしょうか。

日本語の文章の特ちょうを知らせることです。日本語は、英語や中国語とちがって、言語学上「漆着語」といわれるコトバであって、おしまいまでいわないと、意味がはっきりしないことばであることを、すこしずつ、わからせていくことです。

――きのう、わたくしは、前からほしいほしいと思っていたグローブを、おとうさんに買ってもらいいました。

しっぽの「ました」のところまでいわないと、買ってもらったのか、買ってもらわないの

かが、さっぱりわからないことばであることを、

花ガ咲カナイ。

花ガ咲キマシタ。

花ガ咲イタ。

花ガ咲ク。

といった語尾の変化などを示すことによって、だんだんと教えていくことが必要だとおもいます。英語や中国語などでは、

――私は、買った、あの本を、町の本屋で。

といったいいかたをするので、まず「買ったこと」が先にわかるけれども、日本語では、それがどうもわからないことを、教えたりするのもよいと思われます。

そうすれば、封建的怒号でもって、「すわっちゃいけない」「おしまいまでいわねばいかん」とどなることなしに、もっと科学的に、コトバのしっぽの方までいいきってからすわる習慣をつけることができるわけです。

「どうでした？　日本語というのは、どんなコトバでしたっけね？」

これだけいえば、「あっ！　そうだ」と思わせることができるでしょう。

わたくしたちは、科学で解決できるものを、感情とか、習慣とか礼儀とかで解決するくせがあるようです。教師のあいだにも、このわるいくせはのこっています。

こういうはなしをすると、「コトバのいいっぱなしだって、日本語だからいいじゃないか？　児童語はことにそうだ」という人もあります。

「新しいサンマをもう食べた人がありますか？」

「ある！」

「いつたべましたか？」

「きのう！」

たしかに、これでよいでしょう。一語文というのもあるのですから。けれども、ここで、わたくしがいっているのは、そういうことではないのです。キチンとおしまいまでいわしてみて、彼の考え方や物のいいかたまでも指導したいときなのです。農村から出て来た労働少年たちが、都会の生活になかなかなじめないでめいってしまうのも、はじめは、すっかり自信を失なったりするのも、ひとつはコトバのせいですから、農事のさいや、魚つりのさいに投げあうような、ブッキラボウなコトバでなく、やや形のととのったコトバについても指導したいというときです。

会合などで、発言する機会を失なうのは、たいていの場合、おしまいまで言い切ることができないので、めんどうくさくなって「議長」と手をあげないことからくるのではないでしょうか。子どもの自治会などをみていてもそのようです。よく、くちびるをうごかして、何かモグモグいってみている子がいるのに気づきます。しかし、その子は胸がどきどきするのでしょうか、ついに発言の意志表示をしないでおわります。

コトバのしっぽまでを、しっかりいい切る能力をつけてやることは、日本語の特ちょうからいっても、意見発表の自信をつけさせるためにも、なかなか大切なことだと思います。

6 もういいところ・まだのところ

よく見うける光景でした。わたくしなども修養がたりないせいもあって、こういうことをしでかしたものでした。

四月か五月ころ、こんど三年生の組を受け持ったある先生が、職員室に帰ってきて、「いやいや、こまったもんだ。こまったもんだ。九々がさっぱりわからないんだよ」と悲鳴をあげるのです。それだけなら、まだよいのですが、

「いったい、二年生のときは、だれが受け持ちだったんだろう?」

と口にだしていったり、口にはださないまでも、いかにもそう思っているような表情で、前学年の受け持ちだった先生のいる机の方を、白い目で、チラリとにらむのです。なんというきつい皮肉でしょう。もとは、二年生のときに、かけざん九々を身につけさせてしまうことになっていましたから、たしかに、これは二年生の先生の責任のようです。

しかし、こんな皮肉やグチをいっても、ほんとうはしかたがないのです。教師というものは、子どもたちのありのままの状態をよく知って、そこから一歩の前進をはかる以外にはないのです。三年や、四年や、五年になっても、九々を知らない子がたくさんいるとしたら、それが、その子どもたちの現実です。なるほど、二年生時代の先生が、しっかりやっていてくれたら、そういう現実もなくなっていたでしょう。しかし、子どもというものは、絵の具で、一色に染めてやるようにはいかないものです。進んだ子ども、おくれた子どもが生まれてくるのも、やむをえないのです。

つらいことですが、しんぼう強くあらねばなりません。三年生時代に、これだけはわからしておきたい、これだけの力はつけておきたいと思って努力しても、やっぱり来年になって、新しい四年生の先生から、「三年生のときの先生は、何をやっていたんだろう?」といわれもし、思われもするかもしれません。

ところで、いまは、そういうグチや皮肉をいうほどの先生が、「それでは、そのつぎに、どんな手をうっているか」ということなのです。こういうことが多いのではないでしょうか。「君たちは、九々もよく知っていないんだね。どうも困る。きょうからひとつ、うんと九々の練習をしなければなりません」

二二が四から棒暗記をすることを命じます。九々の表をつくってやったり、カードをこしらえてやったりして、うんと練習しなさいというのです。九々のようなばあいは、棒暗記も結構です。カードを表裏に返しては、練習をつづけていく方法を教えることも大切です。だが、しかし、もう少し親切な指導もあってよいのです。

みんな一せいに、同じことをやれと勧告するのでなく、ひとりひとりにそくして、どこまではよいのか、どこがだめなのかを、よく調べてみて、だめなところだけに、力を入れさせるという方法です。

たとえば、こうしては、どうでしょうか。先生が、まず、九々のカードをこしらえます。毎日の昼休みか放課後か、ほかの子が計算をしている間にでも、ひとりずつ、じぶんのひざもとによびだすのです。そして、バラバラにしてあるカードをめくりながら、つぎつぎと、その九々をいわしてみるのです。「四九？」と先生がいって、三十六と答えたら、そのカードは、「もうよいところ」にとっておきます。

「七四？」といって、ただちに、「二十六！」などという答えが出たら、それは「まだだめなところ」へカードをおくのです。

「六七？」といって、「四十八」という答えがとびだし、やがて、「四十二」と訂正するようでしたら、そのカードは、「少しあやふやのところ」へおくのです。つぎつぎと別のカードを示します。そして、

——もうよいもの。(1)

——まだまだのもの。(2)

――あぶなげだが、いいらしいもの。(3)

この三つを、その子どもに示してから、

「君は(1)の方はできるんだよ。(2)の方はまだまだ練習しなければならぬ。(3)も少しあぶないから(2)のつぎに練習しなさい」

べつの紙にかかせるなり、九々表のその場所に赤線のチェックをしてやるなりすれば、その子どもは、もういいところと、まだのところを自覚して、じぶんは「何をなすべきか」に、もっと力強い目をひらくでしょう。この方が、どんなに親切かわかりません。この方が、もんきり型のお経よみみたいに棒暗記させるよりは、どんなに効果的かわかりません。

九々などは、答えが口からすらりと出るようでなくては役にたたないものです。ですから、「このカードは、すらりと出るウンコの部」「このカードは、どうしても出にくいウンコの部」「このカードは、少し出しぶるウンコの部」などといったりして、どれもが、すらりと出るまでにしなければならない必要を知らせることです。この区別を知らせもしないで、一がいに「ダメだ」といい、千編一律に「猛練習の必要がある」などといっても効果はありません。

九々だけではありません。そのほかのものについても同じです。

わたくしたちは、もう少し、子どもたちの「もういいところ」と「まだのところ」をよくつかみとり、それを子どもたちにも知らせて、ひとりひとりに即した、たのしく効果的な指導をつづけていくべきでしょう。

それには、あまり学級の数が多いとこまりますから、一学級の児童数をへらすような政策的見地にも自覚をもち、それを教員組合運動や政治運動の上に、教師たちの切なる声として反映させなければなりません。しかし、いまは、げんに六十三人の子をかかえているとすれば、この現実を無視して、この子どもたちを不幸におとしいれることもできません。

できるだけのくふうはしてやるべきです。六十三人の子をすてて、一学級六十三人でなくなる方への教育行政的運動にだけ、頭と力をつっこんでいったんでは、現実の六十三人がかわいそうです。むずかしいことですが、両方に力をいれなければなりません。これだけをここにつけ加えておきましょう。

7 条件と組織の中で

口先で、とやこういうよりは、その条件をつくってやることが大切だ、よくこういわれます。平野婦美子*さんの『女教師の記録』には、「ツメをきれ」というかわりに、日なたぼっこをしながら、ツメを切ってやった、というようなことがかいてあるので、ひとびとをひきつけた面もあったかに思われます。

百姓の子は、ツメを切ると、草とりやその他のてつだいができなくなるので、一がいにツメをきれ、ツメをきれというのも、農村の事情にうといものである。こんなこともいいますが、きたないまでにのびたツメはやっぱりいけません。しかし、いちいち、先生がきってやるということも、忙しい先生がたには、ムリなしごとというものです。

子どもたちが、みずからの自覚で切るようにしなければならないことも、もちろんです。そんなときには、教室に、ツメキリや小さなハサミをそなえつけようというのです。物がないところで、教訓ばかりしているのは、れいの戦時耐乏生活みたいだというわけです。その小さい物をそなえつけるための、子どもたちの努力もほしいというわけです。もらってくるか、借りてくるか、みんなで買うかというように。買うためには、金をつくる方法も考えさせなければなりません。

つぎに、小さな物、ツメキリバサミがそなわったとします。それを、どう役だたせるといいのですか。気のついた人が、いつも切りなさいといっておいただけでよいでしょうか。だめです。そういうことを実行する組織をつくらなければなりません。

たとえば、掃除当番は、一週間に一回はまわってくるように組織をつくりましょう。そのとき、「掃除がおわったら、きっとツメをきること」と決めておけば、それはまた、それで、ひとつの組織です。掃除がおわったら、当番の八人なら八人は、おたがいにツメキリをしあうのです。こうしておけば、一週間に少なくとも一回ずつは、ツメキリをしない子がなくなります。

「掃除がすみました」

「ツメキリは？」

「おわりました」

「よろしい。お帰りなさい」

こういう習慣をつけてもけっこうですね。

新聞の勉強がやかましくいわれていますけれども、農村の中学校などで、学級として、一種か二種の新聞を購読しているクラスがあるでしょうか。その新聞を批判的によむ組織をつくっているところがあるでしょうか。物的条件と学習や行動の組織をつくることは、学級経営の重要なしごとだと思われます。

本ずきの子どもにするためにも、学級文庫や学校図書館はぜひ必要です。そして、このことは、どこでもやりはじめているでしょう。

けれども、本ずきにするための組織については、まだまだ考えられていないのかもしれません。

まず校長先生は、へたくそな訓話をやめることですね。そのかわりに、新しく購入した子ども向きの本をよくよんで、その一節を、みんなの前に紹介してやるぐらいなことをしなければなりません。

「きょうは、雲の話をしましょうね。この本にかいてあります」

「きょうは、山びこ学校という本の中から、いろりばたの話というのをお知らせします」

こんなはなしをみじかくやってから、

「この本が、学校図書館にはいりました」

というように紹介するしくみや習慣をつくったら、子どもたちも、本ずきな子どもに育っていくでしょう。少なくとも、一部の子は、その本をよみたくなるでしょう。

校長先生でなくてもかまいません。ほかのどの先生がやってもけっこうです。ただ、わたくしがいいたいのは、「校長先生までが」という組織的な気分をかもしだしたいということです。

――先生になっても、あんなに本をよまなければいけないのかなあ。

こういうことを考える子どもが出てくるほど、受け持ちの先生が、本ずきであることも、本ずきな子どもにするには、必要な条件です。また、学習の際には、何かといえば学校図書館や学級文庫の本をひっぱりだして、「この本には、こうかいてある」と紹介すれば、本が学習のさいに果す役割にも気づかせることができるでしょう。

子どもが、綴方にかいたことがらについても、子どもの本やおとなの本にかいてある、それに関係深いことくらべて、いろいろ考えさせてやれば、本も生活とはなれてあるものではなく、生活とはなれて読まるべきものではないことも、だんだんわからせていくことができるでしょう。

8 反対するおしゃべり

その一時間なら一時間、先生は、大バカ者になりきります。とにかく、科学に反することとか、道理に反対する人間になるのです。

「いいかね。きょうは、先生に反対するおしゃべりだよ。ウソだとおもったことがあったら、どんどんいいなさい。ひとりやふたりだけでは、ダメですよ。みんなで、ジャンジャン反対するんですよ」

こんなことわりを、はじめにいって、まるで、アベコベの話しばかりをつづけるのです。二年生ぐらいの子どもには、反対するのに、うんとわかりやすい話でなければなりません。

——けさ、お日さまが西の空から出てきたときに先生がね。

「ウソだ。ウソだ！」

「何がウソだね」

「バカだなあ、先生は、お日さまは東から出るんだよ」

「そうじゃないねえ、久一君」（久一というしゃべりたがらない子どもにたずねる）

「んでない。東から出るんだ」（久一の答え）

「そうかなあ。先生は、毎日お日さまは西から出て、東にはいるとおもうんだけれど。そう

だろう。ミハルさん」（無口なミハルに応援をもとめる）

「うん」（まちがって答えたとする）

「そうれ、見ろ、ミハルさんが、うんといったじゃないか」

「ちがう、ちがう」（室内そう然となる）

もうしめたものですね。さんざん反対させて、ほどよいところでだきょうします。

――そうか。じゃ訂正しよう。東の空からきれいなお日さまが出てきたので、ああ困った天気だ、こんな雨ふりでは、みんなが学校に来るのにたいへんだと思ってね。

「ウソだ。ウソだ。太陽がきれいに出ているときに雨ふりじゃないべ」

「雨がふってるときに、きれいなお日さまなど見えないべな」

「お天気雨ならふるよ」（子ども同士で、例外の話をしだす）

「だって、お天気雨なら、しとしとなんていわないよ」

こんな討論をさせておいて、先生は、なおも、強情をはるのです。

――だって、君たちは、みないんだろう。先生がみたら、太陽が出てきたら、雲ひとつない青い空から、雨がしとしとふっているんだからねえ。

「先生は、ほんとにバカだなあ」

「先生のねうちないなあ」

「一年生からやりなおしだなあ」

どんな悪口でも、どんどんいってよいことにしておけば、こういう非難もでてきましょう。

そして、これがのぞましいのです。

——そうかなあ。先生はまちがいだと思わないけれどもなあ。まあ、いいや、そのつぎの話にうつろうね。それから、いそいで、顔をあらってね。そうだ、まず、顔を洗ってから、歯みがきブラシで、歯をみがいてねえ。

「まーた。うそいってる。アベコベだべ」

「アベコベでなんかあるもんか」

「アベコベもアベコベ、大アベコベだ」

「そんなら、お前は、どうするかねえ。茂男どの」（歯などみがかないらしい茂男にたずねてやる）

こういう調子で大いに反対させておしゃべりをつづけていくのです。

このしごとは、子どもたちに、じぶんの立場をもって、どしどし反対する態度を、ユーモアのうちに教えていくでしょう。しゃべらない子どもをも、だんだんしゃべる子どもにしていきましょう。迎合ばかりしている子どもには、こちらから、さそいかけなければなりません。しゃべることの大きらいな子どもには、たったひとことでも、

「そうでない」

とぐらいは発言できるような機会を、うまく与えていくことが必要です。

ときには、うんと怒ったふりをしてみせて、ムチでもふりあげて、

「なんぼいってもほん気にしないのか。この野郎ども、この大ばかものども！」

とどなったりするのです。そうすると、子どもたちからは、

「先生暴力をふるってはだめだよ」

というような意見が出てくるというのもよいでしょう。

内容は、理科になったり、コトバの使いかたになったり、社会のことになったり、日常の常識になったり、生活の習慣のことになったり、じゅうおうむじんに、変化していってよいでしょう。

いちど、こころみてごらんなさい。とってもおもしろいしごとですから。

しゃべらない子どもを、よくしゃべらせるためには、さまざまな方法がとられると思います。また、自由におしゃべりができるような、圧迫とおそれを感じさせない環境とフンイキをつくってやる必要もあるでしょう。教師の態度も、そういうことを自由にさせる、あたたかいものになっていなければなりません。

いなかの場合には、かれらの生活のコトバである方言ではなすことを許してやるということも必要です。

また宮城県のある先生が報告していたように、子どもたちに「百面相の遊び」をさせてみ

て、（ひとりひとりがかわるがわるみんなの前に立って、デタラメな百面相のマネをする方法）かれらの顔面筋のこわばりと、神経のとがりをなくしてしまうという方法もあるでしょう。

とにかく、自由にしゃべらせる指導は、生活のありのまま、思うことのありのままを、さらけださせてする教育の出発と進行にとって、まことに大切なことがらです。

9 絵を使わせる

あなたもわたくしも、子どものときは、図画の教育を受けました。鉛筆画をかいたり、クレオン画をかいたり、水彩画をかいたりしたのでした。写生画や生活画（想画）や模様画をかきました。すこしばかりですが、説明図などもかきましたが、だいたいは美の教育、情操教育として、かかされたもののようでありました。

ところで、あなたは、いま、図画教育でやしなわれた美の観念を、どんなところに働かせておりますか。着物や道具の模様や、色あいをみたり、本の表紙による買う買わないの主観的せんたくに活用したり、室内の美化に心をくばったりしている程度でしょうか。あるいは、ときに絵をかいてみたり、鑑賞したりもするのでしょうか、おおざっぱにいえば、そういうことにおちつくのだろうと思います。美術教育の目的ということについては、じつは、わたくしは、まだよくわかっておりません。

でも、ただ、わたくしたちは、絵というものにとりかこまれてておりながら、じぶん自身は、あまりにも、「絵を使う」ということを実行していないことにおどろきます。コトバや文字をつかう程度に、絵をつかうということはないのが当然でしょう。けれども、もう少し絵を使うことができてよいのではないかと思います。

というのは、わたくしたちは、だいいち、道案内の略図をかくのにさえ、わりあいに、へタクソなのではないでしょうか。先生が子どもに聞かれて、黒板に「送電塔」の略画をかいて説明しなければならないときなどは、みものです。何回もかいては消し、かいては消して、手がふるえているという現状ではないでしょうか。自転車の絵などは十人に一人ぐらいしか正確にかけません。(だから、子ども向きよりは、教師向きの略画事典が売れるのかもしれません)こんな本棚をつくってくれとか、こんなブリキの筒を作ってくれなどと、職人にたのむときにも、口先だけでいっているようなことはないでしょうか。絵をかけば、すぐわかるのに……。

会議や講演会に出席して、おもしろくないときには、まるで近代絵画みたいに、マルだの三角だの線だのを、たくさんかいて、それを、黒ぐろとそめなでたり、そっちからこっちへと、線でつないだりして、たいくつをまぎらわしているぐらいなものではないでしょうか。

こう考えると、わたくしたちは、いまの子どもたちには、もう少し「絵を使わせる」しごとをさせてもいいように思います。もちろん、社会科や国語の勉強のために、絵を使ったパノラマをつくらせる、紙芝居をかくなどと、そういうしごとは、昔よりはよけいにやらされるようになったとおもいます。

けれども、わたくしたちは絵をつかうということを、もう少し積極的に考えてみる必要はないでしょうか。

つまり第一には絵をかくことを、自然や社会の事物をよく観察し、それについて、よく認識をするためのしごとと考えたい、そのことに絵をかくしごとをつかうようにしたいと思うのです。子どもたちは、絵をかくとき、つねに正しく写しとりたいと思っているようです。そのためには、外界の事物をよく見なければならないと思っているようだし、その事物についてよく知りたいとねがっているようです。

第二には、絵を生活や勉強のために、じっさいに役だてるというしごとも、もっとしなければならないと思うのです。説明図をかく、図解をするといったしごとは、これにあたります。

それで、この二つの意味で、絵をつかうような仕事の二、三をつぎにかいておきたいと思います。

村の植物図鑑づくり

むかし静岡県で戸塚廉君*がよくやらしていた方法です。そこらへんの植物、雑草などをとってきたり、そのまま観察するなりして、正確にこまかく写生させるのです。個人でつくるときは、白ノートに、いくつもかきこんでいけばよいでしょう。一学級として一本をつくるとすれば、一定の大きさにきざんだ紙にかいたものを、あとでとじるか、紙箱に入れてためておくというのでもよいのです。鉛筆画でもよいし、それにうすい単色の色どりをしてもよいでしょう。花や実は、その色にぬってけっこうです。

葉の出かた（対生とか互生とか、輪生とか）や、葉の形（単葉、複葉、卵形、羽の形とか）や、葉の脈、花の出かたやその形、実のつきかた——これらを、正確に観察して、そのとおりに描かなければなりません。

つぎからつぎへ、新しいものを発見しては、かき加えていきます。かいたら、そのわきに方言の名をかきこみます。花や実のあるばあいには、「何月何日うつす」とかいておきます。あとで、ほんとうの名がわかったら、かきこみます。おとなの植物図鑑などで、先生といっしょにしらべるのです。見つけた場所もかきこみます。

このときには、めんみつに、正確にかくことがねらいです。自然の物、その性質について、よく知ること、しらべてその差異を見つけだすことが大切です。そこから、植物学上のさまざまな法則にも接近することができるでしょう。

こういうことに、ほんとうに自主的な興味をもって熱中する子どもが、ひとりでも多くなることはこのましいことだと思われます。

絵巻物づくり

今では、だれでもやらせるようになりました。社会科で、「衣服の歴史」「ともし火の歴史」「米ができるまで」などとかかしているようです。しかし、その絵が、略画事典のひきうつしだったり、参考書のまるうつしだったり、あるいは気分本位だったりして、子どもたちみずからの目で見、みずからの手でかいたものは少ないようです。「わたしの一代記」(といっても、六年生でも、十一、二年間のできごとですが)とか、「蚕のかいかた」とか、「牛の一日」とか、おもしろいものができるでしょう。これには、少しは気分も加わってもよいでしょう。小さな説明文を入れてもけっこうです。

絵ごよみつくり

教室に、一枚のラシャ紙をはりつけます。それに、その月の間にみられる町や村の生活、自然、しごと、遊びなどの一こま一こまをかいた小さな紙を、つぎつぎとはりつけて、ためていく方法です。月の末までに、ラシャ紙一ぱいに、村の自然や生活がはめこまれるようになれば、とてもおもしろく有益です。みじかい見出しのコトバを入れてもよいでしょう。

村のカルタつくり

コトバのフダと、絵のフダをつくるわけです。

——はすの花さくおほりばた。

——ふきのからかさにわか雨。

——たわらの山のそばにねる。

こんなコトバでよいでしょう。もっと自由なものでもよいのです。春夏秋冬の四班にわけてつくるとか、一年間全部にわたったことを、各班でつくって、競争するとか、くふうは、さまざまにできましょう。

絵日記つけ

だれでも、低学年の子どもにこころみている方法です。自由な、やや気分本位なものになるのが普通でしょう。

研究の絵

「馬の研究」とか「ブタの研究」とか、「台所道具の研究」とか「カマドの研究」とか、さまざまの研究の絵です。むかしはよく「考現学」的な絵としてかかれたものでした。

「馬の研究」ならば、馬の生態について、あらゆる角度からうつすのです。ひとりひとりの子が、「馬博士」「自転車博士」「牛博士」になって、とくいのノートをもっていれば、よその人が馬がかけないとき、自転車がかけないときにはかりられます。

いわゆる劣等生がいて、なんでも、ひとに負けましたが、じぶんが毎日馬あらいや、えさを与える担当をしていたので、馬をかくことだけはじつにうまく、「馬博士」の称号をもらい、おかげで、ひとにも、そのノートをかすことができ、自信を深めていったという例もあります。

そのほか、じぶんのかいたものを集めて、表紙をつけて、つつましい装ていをほどこすとか、みんなで、村のパノラマ式地図をつくるとか、さまざまなしごとがありましょう。工作図をかくことも、図の（説明図の）使いかたのひとつでしょう。農業や家内工業の生産の過程なども、社会科とむすびつけてえがかれましょう。じぶんの家までの道案内図の手早いかきかたを、れんしゅうさせるのも必要です。三分間ぐらいでかく能力がなくてはいけません。

教師の暗示と子どもの創意性が期待されます。こんなしごとによって、子どもの目や、心のうごかしかたが、すこしでもゆたかになっていくことをねがいたいものです。

なおつけくわえておきますが、絵を使うといっても、わたくしは、その絵が美しいものであってはいけないなどとはいいません。効果的な絵でありながら、しかも美しい絵であってほしいことは、だれしものねがいでしょう。ここに、芸術教育あるいは美術教育のひとつのねらいが生かされるのかもしれないとも考えられます。

10 豆手帖つかい

町のひとでも、村のひとでも、たいていの人は、おとなになると、なかなか手帖をつかうというようなことがありません。

ことに百姓たちは、今でも、ものごとは、胸にしまっておぼえこんでおくものだと思っています。だから、すっかり忘れてしまうのです。記憶のよい人が「胸がいい」などとほめられます。

わたくしたちは、もうすこし、てっとりばやく、スラスラと、手帖を使う習慣をつけてもよいでしょう。忙しい生活、きびしい生活の中をくぐりぬけていく人が、その忙しさのなかでも、忘れては困るようなことがらは、すらりと、おっくうがらずに、ポケットの手帖をだしてかきこんでいく、この習慣は、これからの生活者にとって、大切なものでありましょう。

わたくしたちは、子どものときから、そのくせと、その要領のよいかきかたと、それを指導しておきたいと思います。

少年にとって、あのクロース表紙の手帖を手にするということは、ほのぼのと楽しい気分でありましょう。できるなら、そういうものを手にさせたいとはおもいます。しかし、それもできないとすれば、小さな手帖を、ひとりひとりにつくってやることです。

それに、みじかいコトバで、忘れてはならないことをかきこんでいくことです。あるばあいには、一せいに、そのかきかたを指導しなければなりません。

「五月二十五日まで、いいかね。かいたかい。家で手紙のやりとりしているところ、かいたかね。都道府県の名をきいてくること。家との関係。おしまい。かいたら、よんでごらん。敏夫君！」

「五月二十五日まで、家で手紙のやりとりをしているところ、都道府県名。家との関係」

「よろしい。久子さん」

「五月二十五日まで、通信先、家との関係、府県名しらべ」

「それで、おぼえていられるなら、それもいいね。では、もうひとつ、こんどは、先生が、しまいまでいってしまうから、大じなことをつかんでかきなさい。

——六月七日で田うえは全部すんだ。てつだい人は、のべ13人だった。そのうち男8人、女5人。日当は男三百五十円、女二百五十円だった。おしまい」

「どうだ。できたかね。清志君！」

「六月七日田うえすみ。てつだい、のべ13。うち男8、女5。日当、男、三百五十円、女、二百五十円」

「ほかの人は?……だいたい同じですね。よろしい。そういうように、大じなことだけを、さらりとつけていく力をつけるのです。では参考のため、先生の手帖をみせてあげようか。よむよ。

――6月17日。後藤先生より借り、八百円、子どものクスリ代なり。6月25日返すこと。どうだね。こうかいておけばよくわかるね。

もうひとつべつのところを、よんであげようか。まだ、来ない日のページのところだね。

――6月26日6時から、教育談話会。南町小学校。会費三十円。雑誌『教師の友』持参。どうだ。これなら、その日、わすれずに行けるわけだね」

はじめは、これぐらいな指導も必要だとおもいます。

この豆手帖の一ページを、ある一週間の小使帖らんにさせて、月日、摘要、収入、支出、残高のらんをつくらせ、かんたんな家計簿のかきかたの土台を指導するのに活用してもよいと思います。農村では、農業簿記のかき入れの習慣なども、このごろでは、よほどついてきていると考えられますが、子どもの時から、このようなことにも、よくなれさせておくべきだと思うのです。円銭の単位のとりかたもしっかりのみこませておきましょう。

11 現代式写本つくり

毎日の放課後、子どもが学校から帰ってしまったら、あなたは、教室の黒板に、世界名作の一節をキレイにかいておくのです。行をわけるところは、行をわけ、段落のところは、くっきりと段落をつけて。『アルプスの山の娘』（ハイジ）でも、『フランダースの犬』でも、なんでもけっこうです。

さて、子どもたちは、白いノートを持っています。それを忘れずにもって来て、毎朝どうぐをおきに、教室にはいったら、その一節をその白いノートに写していくのです。ほんとに心をこめて、きれいにうつす習慣をつけなければなりません。マルやテンやカギも、ハッキりと忘れないでつけるように。

ある時は自分でサシエを入れる空間を、このへんにあけておけといいつけておくのもよいでしょう。家に帰ってから、かならずよんでみるクセをつけさせてもけっこうです。

これが現代式写本つくりのしごとです。むかしの人びとは、たいへん苦労をして、写本をつくりました。けれども、今そんな時代おくれのことをさせるのはバカらしいと、あなたはおっしゃるのでしょうか。

たしかに印刷文化が発達し、学校図書館がよい本を買い入れることのできる時代になりました。けれども、実際にはどうなんでしょう。ひとりひとりの子に、ほんとうによい本が手わたされるまでにはいっていないのが現状です。人類の仲間として生まれた以上は、ぜひ読んでおく必要のあるような世界の名作でも、すべての子どもがよめるようにはなっておりません。暗い星の下で育ったわたくしなどには、この悲しさが、いまもひしひしと感ぜられます。小さいときに、人間として、一度はよまなければならなかったものをよんでいないので、おとなになった今、あわててよんでいるものもあるのです。

ですから、はなはだ手工業的なやりかたにちがいはありませんけれども、このような写本つくりを、つぎにかく「よみきかせのしごと」といっしょにやってみることは、やっぱり大切なことではないかと思います。

まことにシミッタレなやりかたですが、文化にめぐまれない農村などでは、やはりやってみる必要があると思います。毎日毎日少しずつ書きためていったものが、一冊の本になるとしたら、これもまた楽しいしごとでしょう。

先生であるアナタは、よい抄訳本や、良心的な再話ものなどを選んで、買い入れなければなりません。それをはじめは、ごく少しずつ、子どもたちの進歩によっては、三十行ぐらいずつでも、視写させていくわけです。そしたら、五十七人の子どもみんながみんな『アソクル・トムの小屋』の本をもっているということになりましょう。こんな文化的な農民の子が、日本のどこにあるだろうか！　こう誇ってもよいだろうと思います。

現代式などといって、あまりにも原始的なことをいいだした、わたくしの方法を笑ってください。そして、これさえもが、ある意味では現代的である今の農村の実状を考えてみてください。

12 昔ながらの読みきかせ

むかしのビワ法師から、いまのナニワブシ、祭文語りにいたるまで農村の人びとは、消極的な文学鑑賞の方法をとっています。

自分でよむのではなく、ひとの語ってくれるのをきくのが、ひとつのたのしみです。もちろん、このことは是正されなければなりません。

けれども、そういう自発的読書の楽しみを教えるためにも、また自発的読書をするまでのしごととしてでも、先生からの読みきかせということは、すてられてよいものではありません。本がないというところでは、なおさらそうでありましょう。

『山びこ学校』の無着君*のところでも、『レ・ミゼラブル』をよんでやったら、そのおもしろさと、作者の正義感に魂を吸いつけられた子どもの一人は、山の炭焼きしごとのために学校を休んだ日でも、昼休みのあとのこの「読みきかせ」の時間だけは、大いそぎで学校にとびこんで来たといっております。

これは、もうだれも経験していることでしょうけれども、毎日毎日、つづきのまたれるような物語や小説をぜひ読みきかせてやりたいものだと思います。

これならば、まだ読書力のない子どもでも、本をよむことのたのしみを、自然のうちにさとります。そして、やがては、みずからも、一本を手にしてよんでみたいという気持を起こさずにはいないでしょう。

すぐれた文学の全体を鑑賞させる時間のない場合に、一学期に一冊でも、それを全部にわたって、よみきかせることができたとしたら、どんなにうれしいことでしょう。

この「読みきかせ」がまだるこしくなって、先をよんでしまうほどの子がいたら、こんどは、その子を読み手にしてもよいでしょう。よみきかせながら、感想をいわせたり、批判を加えてやるのもよいでしょう。

このしごともまた、文化にめぐまれない農山漁村の小、中学生などにとっては、古くさいなどといわずに、勇敢にやってよいことです。まして、よんでやる本が、すこぶる現代的意味をおびた作品（たとえば、ワシレフスカヤ*の『虹』、現代中国の大衆小説『シャーチュー物語』など）である場合には。

13 きいて書くしごと

――サア、いいですか、はじめますよ。カギ、ごらん、テン、わたしはここにいるよ、カギと、テン、石の顔（漢字ですよ）は、テン、アーネストに話しかけているようでした。マル……。

こんなぐあいに、ゆっくりよみながら、子どもたちのノートに写させていくのです。

こういうしごとも、わたくしたちは、一日のうち、何分間かは、ぜひやりたいものだと思います。ききながらマルやテンや段落や、カギ、カッコなどを、しっかりかき入れた、文章の表記法もおぼえていくのです。

これは少し時間のかかる方法ですけれども、前にかいた写本のしごととくみあわせていっしょにやってもよいとおもいます。

このばあいは、文章の内容とか何かには、力を入れないようなしごとになりそうですが、けっしてそうではありません。先生は、子どもがかいている間は、幾回かのくり返しをして、感じをこめてよんでやって、子どもの顔が、さっとあがったら、ひとくぎりずつかきつづけさせていくのです。

やがては、なるべく速くかくような力をつけなければなりませんが、最初のうちは、うんとゆっくりにしてください。こんなことまでかいてすみませんけれども、ごく地味なしごともまた、大切なものではないかと思って、ここにかきそえました。

14 子どもでも本はつくれる！

あなたも、あなたのお子さんも、「本つくり」というものは、とてもむずかしいものだと、思っているにちがいありません。げんみつにいえば、そうでしょう。人びとによませて、それが、ほんとうに役にたったと感謝されるような本は、そうかんたんにつくれるものではありません。

でも、じぶんがかいたものを、だれかによんでもらうというだけなら、本などというものは、だれにも作れるものなのです。

――佐藤ヒロ子著『私の生活』
――山田ゆり子著『ワラ屋根の下から』
――鈴木太郎著『カマキリ日記』
――広田良一著『わが家の歴史』
――木内義夫著『四丁目ものがたり』

たとえば、このように、佐藤ヒロ子さんも山田ゆり子さんも、鈴木太郎君も、広田君も、木内君も、小さな「著者」になれるのです。それでは、こんな鉛筆がきのそまつな本を、だれがよんでくれるというのでしょうか。先生であるあなたです。学級のみなさんです。家に帰れば家庭の人びとです。近所の親しい友だちです。そして、じぶんのことを、いちばん大すきなヒロ子さん、ゆり子さん、太郎君、良一君、義夫君自身です。

子どもたちは、おとなの作った本（これには、新聞も、教科書も、雑誌も、単行本もふくめておきましょう）ばかり読まされておりました。そして、このことは、それがよいものであるなら、けっこうなことでもありましょう。ひとのかいたものを理解し、批判するということは、人間の一生を通じておこなわれることだからです。けれども、わたくしたちは何か自分がかいたものを、ひとに読んでもらうという積極的な行為をしたって、悪くはないはずだと思います。

子どもたちの「表現する生活」を、なんとか大切にしたいと思うほどの教師たちは、むかしから、子どもの文や詩、子どもの絵、子どもの工作物、子どものでたらめ作曲、子どものおはなしを大切にしてきたとおもいます。ときには、それを「おとなからの既成の文化」に対して、「野生の文化、子どもみずからがうみだした素朴な文化」とさえとなえたりしたものです。

教科書中心主義に対して、児童中心主義、生活経験の尊重を強く考えた人びとは、とくに、子どもの「表現活動」をおもく見てきたわけです。そこから、のびていくものの姿、あるいは新しい世代が生みだしていくであろう健康な意欲のめばえというものを、つかみとろうとしたわけです。そこに適切なものを付与していく、目的意識的な教育・指導の大きなてがかりにしようとしたわけです。

でも、こんな理くつばかりをならべるのはやめましょう。あなたは、子どもにも、本はつくれるものだということを確信させ、またよくわからせればよいのです。そして、どんなにまずくても、かれらの文章や絵による表現を、うんと大切にしてくれればよいのです。それをみんなの前に発表し、ひとの意見をきくことのできる機会と場所をうんとつくってやることです。では、子どもたちに本をつくらせる方法には、どんなやりかたがあるのでしょうか。

わたくしの文集をまとめさせる

つねに書いてきたものを、つぎつぎととじこんで、表紙をつけ、目次をかき、そうてい図案などもほどこして、『私の文集』にまとめさせるやりかたです。それに、「山川ミハル著」とかかせてもよいわけです。これだけでも、彼女は、うまれてはじめての「著書」をだしたことになりましょう。学級のてんらんかいなどに提出して、みんなでよんでもらえばいいでしょうし、家庭の人びとによんでもらってもいいわけです。

継続観察や研究の記録をまとめさせる

これは『毛虫の研究』とか、『ウサギ日記』とか『部落の井戸の研究』とか名づけられた、子どものかいた本になるでしょう。内容をしっかりと吟味してあげて、ところどころには、付せんをつけて、不足分などもかきこんでやって、学級の中に、「子ども博物館」でも経営していたら、その陳列物にしたらよいと思います。学級をもっていない教科担任の先生でも、このことなら、おもいきってやれるでしょう。

私の新聞をつくらせる

クラスの新聞、班の新聞、わたくしの新聞、種類はいろいろありましょう。わたくしは、このあいだ岐阜県の中津川市の小学校で、石田和男*さんが作らせている新聞に、おどろきの目をみはりました。それといっしょに、小さいことにも、教育の創意性が生かされていることに、よろこびました。

石田さんのところでは、ザラ紙二つおりの四ページを、一週間ごとにうずめさせて、五年の二学期から、六年の五月ごろまでの分を、いちおう整理して美しく製本させ、それに、ひとりひとりの子が、じぶんのすきな名（それは毎週の新聞名であったのです）をつけさせ、「じぶんの本」ということにしたようです。子どもの熱心さが、各週のページのすみずみにまであふれているのです。

そのとき、石田さんのしんせつさをみたというのは、四ページのどれにも、トウシャ版のリンカクがつけてあること、それを四段にきめるための線は、ごくうすく点線にしてあること、第一ページには、週刊という字と、×月×日から、×月×日までとかき入れる月日が、らん外に刷ってあること、新聞の題名をかく範囲を、ほどよい程度にくぎってくれていること、その下に「第　号」という字と、編集者また編集とかいてあって、子どもたちが、すぐに自分の名を入れられること、第四ページの下二段には、かわいいカットつきで、ときどき「今週のメモ」とか「編集室」「編集をおえて」とか刷ってあって、そこに、それにふさわしい「自分の記事」をかけるようにしてあること、（そして時には、それがないので、子どもたちがくふうしてそのらんを作っていること。カットもじぶんでかいていること）などです。

はじめから「私の本」をつくらせる

白いザラ紙をほどよくとじ合わせて、ノートのようにつくり、表紙、とびら、目次のページをあけさせておきます。そして、本丈の第一ページから、とにかく何でも自己の表現したいことを、かきつづけては、おわるとページをつけ、目次のところに「題名」と「みだしのページ」をつけていくというやりかたです。ですから、これには、文でも、話でも、絵でも、カットでも、読書をした感想でも、本や雑誌をよんで、これはかきぬいておきたいと思った部分でも、社会科の研究のあとにまとめたことがらでも、なんでもかきこんでいかせればよいでしょう。

つぎつぎと、なかみがふえてゆき、ページがつき、目次がたっていくというたのしみが子どもたちの「ものごとをつみあげていくたのしみ」となるでしょう。子どもたちは、それを交換しあったりして、おたがいの勉強にしていくのです。先生であるあなたも、ときどき、よましてもらったり、感想のかたちに近い評のコトバを入れてやってもよいでしょう。子どもの創造力を、自由にのばしていくためには、このようなのんびりした方法もとられましょう。

そのあいだに、子どもの雑誌や単行本から、各ページの使いかた、カットやさしえのあしらいかた、それから内容のすぐれた点についても、静かに学ばせていくことが大切です。子どもがうみだしたものと、おとながすでにつくっているすぐれたものとの比較検討、相互浸透による教育は、わたくしたちの基本的な教育方法のひとつでしょう。

わたくしたちは、子どもたちに、どしどしと本をつくらせたいものです。それには、子どもの文章による生活表現の指導についてもかかなければいけませんが、これは小著『新しい綴方教室』の方を見ていただきたいと思います。

15 食べかたの勉強──ひとつの社会科──

たとえば、こういうことは、ひとつの社会科ではないでしょうか。

ある日、T先生は、

「みなさん、ゆうべは何でごはんを食べたか、おしえてください」

と、いいました。みんなは、はじめ、はずかしそうにしていましたが、まずT先生が、

「わたしはね。ネギのみそ汁と、さつまあげと、つけものでたべましたよ」

と、いいましたので、つぎつぎと発表していきました。

先生は、黒板に、ねぎのみそ汁とつけもの、さつまあげ、つけものだけ、ほしいわし、かれい、卵やき、牛肉、まぐろ、コロッケ、に豆、ふきのつくだに、オムレツ、こんぶのつくだに、などとかいていきました。なかには「わすれた」という子もありましたが、それは、たいして変ったものを食べていないしょうこでしょう。「うどん」と答えた子は、「中になにがはいっていた?」ときかれて、「あぶらげ」と答えました。ともかく、黒板がいっぱいになりそうでした。

「どうです。こうしてみると、どんなことがわかりますか?」

T先生はたずねました。

「たべものには、いろいろなものがあるということがわかる」

「やさい類と、さかな類と、肉類と、たまご類などに、わけられるということがわかる」

「こんぶもあるよ」

「海そうだね」

「山からも、海からも、畑からも、牧場からも来ているということがわかる」

そのほか、さまざまな答えが出たのです。

「そうですね。同じ夕飯のたべかたにも、いろいろなたべかたがあるということがわかりますね。戦争中、なんでも配給だったころは、こんなにちがわなかったでしょうけれども。今は自由販売ですからね」

T先生はいいました。そしてまた、たずねました。

「どうして、こんなにちがうのでしょうか?」

「すききらいがあるから」

「家がちがうから」

「お金のつかいかたがちがうから」

こんな答えがでました。なかには、ちょっと、とびあがって、

「貧乏だから」

というものがありましたので、みんなが、

「牛肉とオムレツをたべた人も貧乏かい?」

と、笑いました。T先生は、そのうちで、

「家がちがうから」

というのに目をつけました。

ほんとうにそういうわけです。夕飯のたべかたひとつを問いただしても、話しあっても、こんなにたべ方にちがいがあるのは、「世の中はさまざまだ」ということを、子どもたちに判らせるでありましょう。家によって、千差万別だということは、社会の中にくらす人間の生活が、きわめて複雑だということをあらわします。そこで先生は、

「つけものだけでたべるたべ方、みそ汁とつけものだけでたべるたべ方、牛肉とやさいでたべるたべ方、オムレツと貝のすいものでたべるたべ方、もののたべ方には、いろいろさまざまあるのは、家がちがうからということになりますね。そしてこのちがいはたべかただけではないでしょう?」

といいました。

すると子どもたちは、

「家の大きさがちがう」

「洋服や着物もちがう」

「はきものもちがう」

「本や雑誌のあるなしもちがう」

「しょうばいもちがう」

「じどうしゃやじてんしゃのあるなしもちがう」

とちがうことを、われがちにあげました。そのとおりです。衣食住、文化についてのありかたが、みんなちがいます。

「そうですね。みんなちがいますね。では、また、たべかたにもどって、こういうたべかたのうちで、どんなたべかたが、いちばんいいたべかたでしょう?」

みんなは、とっさの返事ができません。

やがて、

「うまいたべかた」

「金のかからないたべかた」

「ぜいたくでないたべかた」

「からだのためになるたべかた」

「貧乏にならないたべかた」

「やせたりしないたべかた」

このような発表が、つぎつぎと出ていきました。T先生は、ここからも、生きた世の中を感じとりました。この答えのだしかたひとつにさえ、また、さまざまな社会の反映の姿が出ているのです。どうも、「世は相もち」というよりは、「世はさまざま」ということに気づかせる方が、ずっと大切のように思われてきたのです。そこで、いろいろ討論をさせた結果、「いちばんいいたべかた」は、からだを丈夫にし、よく働けるようになるようなたべかただ、ということになりました。

そのときも、「しごとによってちがう!」という話が出ましたので、「まったく、そのとおり」と答えて、T先生は「栄養の科学」という本をひらき、ごく普通のはたらきかたの人で、二四〇〇カロリーぐらいいることをはなし、そのカロリーということについても解説し、そのカロリーは食物によってきまることを説明しました。それから、うんと働く人は、もっとカロリーが必要だから、うんとおいしいものを食べる必要がある、ということをはなしました。そこで、クラスの中の大工さんだの、左官だの、リヤカーによる運搬業者だの、工場ではたらく人だのの家の食物についてしらべましたところ、どうも、そういう人の方が、つけものやみそ汁や、つくだにぐらいで食べていることがわかりました。

「からだにわるいね」

と、早のみこみの子がいいました。

「だって、お金がないんだもの、しかたがないよ」と、いつもの公式主義者の子がいいました。けれども、きょうのT先生は、しんぼう強い先生になりました。

まず、だれでもが、健康を保てるし、子どもが、いっそう大きくなっていくには、さまざまな栄養に富むたべものを、種類多く配合してたべるのがよいのだということを語りました。

こうして、はじめて、そういう科学上の原理と、「世はさまざま」の姿をあらわす家々のたべもののたべかたの実際が、ムジュンしていることにつきあたらせていきました。

「そうすると、ほんとうは、どうなればよいのでしょう?」

T先生はきりこみました。これからは子どもたちの自由討論にまかせなければなりません。早すぎる結論のおしつけは、正しい考え方を、じぶんのものにさせない危険をもつのです。また、さまざまな階級や階層にぞくする家から来ている子どもたちの考えかたの、一方をけなし、一方をもちあげるようなことも、幼少年のばあいには、早きにすぎるというわけです。しずかに考えさせなければなりません。そして、いまのところは、「同じ人間じゃないか」というヒューマニズムの立場からの社会正義というものを育てていくことに力をつくさなければなりません。子どもの正義感というものは、いちおうは階級や階層の問題をこえて育っていく可能性もあるのです。

討論の結果は、

「だれでもが、いいたべものを、働くのにちょうどよいあんばいにたべるたべ方が、いちばんよろしい」

ということになりました。当然なことです。みんなが、そういう食べかたができたら、世の中に申しぶんはないわけです。

「そうすると、どうしたらよいのかね。みんなの考えたことは、学問の上からいってもいちばん正しいことなのです。ところがこの黒板にかいてあるとおり、みなさんの家のじっさいの食べかたでは、いってはわるいけれども、そまつすぎる食べかたもあるようです。それといっしょに、すこし、ぜいたくすぎる食べかたもないとはいわれませんが」

討論は第二の段階にはいったわけです。

社会正義感に富む子どもたちは、だれでもが、健康をささえ、働くことにたえるに必要な栄養をとれないのは、なんといっても、「貧乏」のせいであるという結論に達しました。全般的にいって、いまのクラスの子どもたちは、生活にくるしんでいる家庭から来ています。「貧乏」ということ、食物にさえ、ジャンジャン使える金などのないことは、いまでは、どこの家の問題にもなっているのです。ごく少数いるであろう金持の子どもたちだって、そのクラスが、ヒューマニズムの考えによって運営されているならば、この結論に、なんの不平もありますまい。こうして「世はさまざま」が、「世はひとつの問題をもっている」になっていきます。

そうすると、こんどは、その貧乏を、どのようにしてなくすかという意見のとりかわしになるでしょう。しかし、T先生は、このことを、とりいそいでやろうとはしませんでした。

このつぎには、衣服のことや、住居のことについて、同じように調べさせ、考えさせ、また実際のすがたを観察させ、じぶんじぶんの体験を発表させて、たべかたの勉強で到達したと同じところまで、子どもたちの考えかたをみちびいていくようにしようと思ったのです。そして、さまざまなことを研究した結果、日本の社会科勉強で、いちばん、しっかりと勉強しなければならないものは、「どのようにして貧乏をなくすか」ということになるだろうと期待しているのです。そして、そのつぎには、よその国の例などもたくさんしらべておいて、「貧乏をどのようにしてなくしたか」を紹介したいといっているのです。世界は貧乏をなくする方向にむいて進んでいくのだということも、じっくりとわからせたいといっています。

——さて、そうすると、この「たべかたの研究」には、ときには理科の勉強の部分もありましたが、それは、生活の勉強に必要なかぎりにおいて適用されたことであって、げんみつに科学の教育ではなかったでしょう。いや、べつの機会に行なわれる（た）自然科学の教育の成果を、生活問題の研究に活用したということになるでしょう。それにくらべれば、この勉強は、どうも社会科の勉強に近いのではないかと思われます。

そうすれば、社会科の勉強の機会というものは、どんなところにもあることがわかります。何もむずかしいカリキュラムをつくり、単元つくりにうき身をやつさなくても、ごくわかりやすい事物につきあたらせ、それをつっこんでいけば、社会の本質的問題にいきあたります。そしてこれこそは、真の意味の社会科のひとつになるのではないでしょうか。

同じような問題をやっても、その学年に応じて、どこまで、つっこませていくか、またいけるか、この程度やあんばいをきめていくためには、教師である人びとの創意性ある判断にまたなければならないでしょう。たべかたについての勉強でも、中学生になれば、社会のしくみ、ひいては生産様式のありかたにまで、目をみひらかせていくことができるでしょう。そして生産関係の変革なしには、貧乏をなくすることができないという科学上の考え方も紹介し、それについて検討させることも可能でしょう。

生きた事物、生きた問題にふれさせるなかで、わたくしたちは、いい社会科の勉強をしていきたいものです。これを社会科でないというならば、「社会についての正しい見方、考え方」を指導する、幼い子どもたちのための教育方法として、まごころこめてやっていったらよいとおもいます。

16 自然の中に子らと行く

こういう題目をだしますと、

「ただ遊びに出ていくというわけではありますまい」

きっと、人びとは問うのです。それはそうです。あなたは教師で、子どもたちは生徒ですから。やはりあなたは、何か「教えごと」をしなければならないというかくごで行くべきでしょう。

しかし、あんまり、びくびくしてはいけません。何ということなしに、フラフラととびだしていってもよいのです。いや、むしろ、はじめのうちは、その方がかえってよいでしょう。その自然の中で、子どもたちが、どんなに元気に遊びまわるか、どんなあばれかたをやってのけるか、そこで、どんなコトバを発しているか、どんなことに疑問やおどろきの心をいだきだすか、そういうことを、じっと観察してみるのもよいことです。

たまには、草原の上に、子どもといっしょにねそべって、とりとめのない話しあいをしてもけっこうです。そこから、先生と話しあう自由な気もちも、かもしだされましょう。まあ、まあ、良寛*さまのようなマネだといってもよいわけです。

けれども、そのうちには、自然科学の教育のためにつれだすという目的意識をもつべきだとおもいます。自然の歴史や人間の歴史、それについての目をみひらかせるために、つれだしていくべきだと思うのです。

理科教育のこととなると、人びとは、すぐに設備がない、実験の器具がないと、グチをいいがちです。けれども、そういう人びとは、どうして、人間の意識の外側にあるものが、すべて自然だということを考えてはみないのでしょうか。いや、人間の肉体さえ、自然物であることに注目しないのでしょうか。わたくしたちの衣食住にも、多かれ少なかれ科学の成果が生かされていることに考えをおよぼさないのでしょうか。科学の知識を学ばせていく多くの機会と、科学的な精神にめざめさせていくための多くの問題が、どこにでもころがっていることに気づかないのでしょうか。

たんぼの中や、山のふもとや、草原の上や、川のほとりや湖のそばにある学校、せっかくつくられた公園のそばにある学校では、じぶんのまわりにある大きな自然、生きた自然に、もう少しゆたかな教育の機会と場所をつかまえてもよいのではないかと思われます。

子どもといっしょに自然の中にゆくことは、この点にも大きな積極的意義を見いだせます。というと、わかい教師諸君、なかでも、理科や数学系統の知識に乏しくてと自任しているかたなどは、

「わたしこまるわ、雑草の名前ひとつ知らないんですもの」

「子どもたちに何か聞かれでもしたら、困ってしまうぞ」

こんな心配をしだすことでしょう。だか、そう心配はしないでください。そして、とにかく子どもたちといっしょに、自然の中にでて行きましょう。

出ていって、子どもたちといっしょに、自然の姿におどろきましょう。疑問もともにいだきましょう。そのあいだに、じぶんにわかっているかぎりのことを、子どもに話してあげましょう。わからないことは、

「先生もわからないから、この次まで、本をよんでみてしらべてきましょう」

と、あっさり答えればよいのです。先生にもわからない、それが本をみれば、わかるとすれば、本というものの偉大なはたらきもわかります。本をつくった人びとの研究のありがたさ

もわかってきます。本をみても、なおわからないということになれば、自然というものは、なんと微妙で複雑なものだということがわかり、じぶんの疑問が、科学上の大きな疑問にもつながるものであることをさとって、そのことに、子どもたちはよろこびとほこりを感じましょう。絶えざる探求心の必要なわけについてもさとるでしょう。

　そのとき、先生の指導は、すなおに、正しく自然の事物そのものを観察することだと教えることです。じぶんのかってな考えかたで、自然にたちむかうのでなく、すなおな心と、すんだ目で、それに向かうときには、自然の中に流れる法則が、さまざまなことを語ってくれるであろうことを知らせることです。

　野原や畑のそばにつれだしてごらんなさい。子どもたちは、青いゴボウの実をつみとって、おたがいの体に向かって、ぶっつけっこをはじめます。白いシャツのムネに、ゴボウの実をぶっつけられた子どもは、

「あれ！」

とおどろきます。ついたゴボウの実をとり去ろうとすると、ピリッとかすかな響きがして、シャツの布地がひっぱられる感じになるのです。

　そういうとき、先生と子どもたちは、大いに疑問をともにしなければなりません。やがて、着物にくっついてしまうわけは、ゴボウの実の構造そのものから聞かなければならないことがわかります。それでゴボウの実のまわりの千本ヤリに目をそそぐとすれば、どうでしょう

か。

「あっ！」

「針の先がまがっている！」

「そうだ。そうだ。どうりで、着物にも、くっつくわけだ！」

こういうコトバが発せられるにきまっています。たしかに、つんつんと出た緑の針の先は、じつに微妙にまがっていて、一度くっついたらはなれにくいようになっているのです。

草の葉の上にころがっている水玉のまるさにおどろいた子どもは、

「どうして？」

と疑問をもってくるでしょう。表面張力の話ができましょう。また、べつの子は、

「この草は、はっぱがこうついているのに、この草は、はっぱが別なつきかたになっている」

こう区別をして、二種類の草をもってくるでしょう。

「ああよく気がついたね。この二つとは、もっと別な草もあるかもしれないから、もっとさがしてごらんなさい」

こう答えておくだけでも大したものです。

地層のあらわれたところにでもでっくわしたら、子どもたちは、いろいろなことに目をみはるでしょう。畑の土がどんな土かについても、他と比較することが可能になります。自然の歴史への研究の意欲がわきあがります。

矢の根石でも出てきたらどうでしょうか。それは自然の石といくらかちがうことに気づくでしょう。人間の労働が、道具をつかい、道具が人間の労働をいっそう有効なものにしたことのおはなしができましょう。そして、昔の人間の歴史が、今の人間とくらべて、語りあわされるでしょう。

その帰り、新しくたてまえをしている家の前で、ひと休みして、家のくみたてに見いることもありましょう。上級生なら、力学上のさまざまな原理が、家の骨ぐみをどのようにさせているかにも考えがおよんでいくでしょう。ハリにつかっている材木が、自然木のまがったままに利用されていることにも気づくでしょう（ほかの部分は四角にけずってあるのに）。そして、このことが、なぜかということを研究してみるのも、よい勉強の題目です。

教師であるあなたの自然の事物についての知識が、いっそうゆたかであり、確実なものであるならば、子どもとともに自然の中に行くことは、よりよい果実をむすぶでしょう。

わたくしたちは、この偉大な実物教材を、もっともっと生かしたいものだとおもいます。自然の中にある人工物、たとえば田や畑、そのなかに生えている作物については、よりいっそう自然と人間の関係をわからせてくれる、すぐれた教材となりましょう。たとえば、キャベツについて、あなたと、子どもたちは、どんな話しあいができるでしょうか。そこからバーバンク*やミチューリン*などの育種家たちのたえざる研究のおしすすめについても、すでに出ている本や、最新のニュースによって話しあえるとすれば、自然の中に出ていくことは、やがて、人間と社会の問題にたち帰ることにもなるのでしょう。

ともあれ、あなたは、子どもたちといっしょに、自然の中で遊びまわることから、このしごとをおはじめになったらよいとおもいます。

17 日本の小先生

かつて陶行知先生*（一九四六年没）によって生まれた中国の小先生たちは、文盲たいじのための識字運動を、いちばん大きな任務として持っていました。この小先生制度は、中華人民共和国になってからもうけつがれて、同じく文盲ぼくめつの運動や文化知識の普及にほねおっているとのことであります。学校で学んだ子どもたちが、学校にいかれないもの、学校に行けなかったもの（成人）に対して、啓蒙的な役割をはたすということは、文化的におくれた国、おくれた部分のある国では、きわめて大きな意義をもつでしょう。

それでは、日本では、どうでしょうか？　わたくしは、日本でも、小・中学生が、おとなたちにむかって、さまざまな啓蒙的な活動をする余地はたくさんあると思います。それは、学校で学んだことを実地に生かしてみるという意味でも、なかなかためになるしごとだと思います。たとえば、新しいカナヅカイについて教えるとか、ローマ字への理解をもたせるとか、メートル法を普及するとかの面でも。平和の思想をまきちらすという面でも。

そのほかに、日本のいなかなどでは、民主主義的精神や合理的・科学的精神とかを、大衆のなかにふきこむためにも、小先生たちは活動の分野をひらいていく必要がありましょう。

——小先生たちは、花よめの房子（へや）にもとびこんでいった。そして、無学をはずかしがる花よめに、三、四の字を教えこむことに努力した……。

中国の小先生について、こうかいてあるように、日本の小先生（あなたの受け持ちの子どもたち）も、学校から、家庭へ、村へとびこんでいって、さまざまなことを教えたり、さとらせたり、そして自分も学んだり、そういうことをしたらよいのだと思います。小先生たちのつくった新聞（学級・学校新聞）が、村人にもよまれて、啓蒙的役割をはたすべきだとおもいます。また、忙しくしているのでできないこと、たとえば、手紙をかいてあげることなどにも進出すべきだと思います。

——民主主義の理くつにあわないこと。

——科学の知識にあわないこと。

こういうことについても、村の中でのおとなとの生活、おとなとの対談などから、具体的に、こまごまとしらべてきて、この村では、「どんなことを、われわれは、おとなに教えることができるか」について討論し、その結果は、もういちど、村の中にとびこんでいかせたらよいと思います。新聞なども、そのことをわからせるためのページをとるべきだと思います。「万年どこたいじ」をやった子どもたちもおりますし、『山びこ学校』の中学生たちのように、「お光りさま」の迷信について反省を求める行動をしたところもあります。

このさい、小先生たちのすぐ上にいる世代（青年たち）との理解がついていないために、しごとがうまくいかないということも起こってくるかもしれません。そして、そのときにこそ、ほんとうの教育は、教師も学校の門から出て、あらゆる可能性にとんだ青年たちとともに、村をいかに前進させていくかの運動に協力していかなければならないという大きな教訓がえられましょう。学校が地域の文化センターにもなるもともここからです。

右の意味で、わたくしは、日本の小先生たちの孤立をよろこぼうとは思いません。しかし、まだ、青年たちとのつながりをもっていない教師諸君は、まず、子どもたちを、村の中に放ってみるべきだと思います。

「そんなことなら、おれたちの先生がもっている本にかいてあるから、借りてあげようか?」

こういったことからも、青年とのつながりの道はきりひらかれるかもしれませんし……。

18 半歩の前進にもよろこぶもの

わたくしの友人に、G君という人があります。もとは、わたくしと同じように、小学教師でありましたが、いまは、東京で別のしごとをしています。

その親類のうちに、三年生になる男の子がおりました。東京では、ちょっと名の知られた小学校にかよっておりましたが、おしくも死んでしまいました。

その子が、脳膜炎で死ぬ四、五ヵ月前のことでありました。その子は、どうしたものか、俗にいう頭がわるく、とくに算数はにが手らしかったのです。

ある日のこと、G君がたずねていくと、両親が、

「Gさん、ひとつ、この計算のしかたをのみこませてください」といいました。

みれば、「53から17ひく」というような計算であったそうです。それで、G君はなんとかのみこませようとして、一生けんめいに、くふうして教えてみましたが、どうしてものみこみません。しかたがないので、実物をたたみの上にならべて、まず具体的な数のとりあつかいを示しました。つまり、五つの茶わんの、ひとつひとつの中に、豆粒を10ずつ入れ、そのそばに3つの豆をおき、ここから17とりさるという実践をさせたわけです。その過程で、

「3から7はひかれませんから、50のところから10かりてきて10から7ひいて3、この3と、もとからある3で6。50の方は10かりてあるので、ここの数字5は4から1ひいて3。だから、こたえは36となる」

ということを、ようやくにしてのみこませたというのです。

すると、その子も、ようやくなっとくがいき、この種の計算が、どうにかできるようにな

りました。たいへんうれしそうな顔をしながら、学校の先生の宿題を全部やってしまいました。はじめてのことなので、本人もたいそうたのしそうです。両親たちも、すっかりよろこんで、

「学校はやめていても、やっぱり先生は先生だ。むかしとったきねづかとはこのことだ」

などとよろこんで、大いに歓待したそうです。

ところが、翌日、学校から帰ってくると、その子は、いかにも、さびしそうで、不平そうな顔つきをして、

「こんどから、Gのおじさんからなんか習わない」

と両親にうったえました。「どうしたの?」ときくと、けさ、学校で先生から、「よくできた」とほめられ、

「どなんにしてやったかいってごらん」

ときかれたので、G君から習ったとおり、

「3から7はひかれませんから、50のところから10かりてきて、10から7ひいて3、それと、もとの3をたして6……」

というようにいいかけたら、じっときいていたその先生は、とつぜん大きい声をはりあげて、

「古くさい!!」

といったというのです。

だから「古くさい」といわれるから、G君からは、もう教わらないと、その子どもはいうのだそうです。

あとで、そのことを両親からきかされたG君は、

「ほんとにこまったことですよ。ぼくに習わないばかりならいいが、あのあとは、さっぱり算数にほんきにならなくなってしまったそうです。古くさくても、なんでも、とにかく、できるようになったら、いいじゃないですか」

と、残念そうにはなしました。

わたくしも、そのはなしをきいて、ほんとうに怒りたくなりました。たしかにG君のいうとおりです。「3から7はひかれませんので……」なんていうのが、古くさいなら、古くさくてもいいじゃないですか。13からただちに7ひく暗算ができないことは、その子に関する限りわかっているのでしょう。またその子に、7を10にするために補う数は3だから、その3と3で6などということを、直感的に考えめぐらす余ゆうのないことなども、受け持ちの先生には当然わかっていることでしょう。としたら、古くさくてもなんでも、とにかくその子が、どうにか、その計算ができるようになったということは、大きな進歩ではありませんか。

高い立場からは、のろまな歩みであり、低いやりかただとみられても、その子が「やりおえたよろこび」を感じていることは事実でしょう。そして、ともかく、この計算の結果が正

確だということも事実だとしたら、それはそれで、大いにほめてやったらよいのではないでしょうか？　まして、その子は算数の劣等生なのですから……。

子どものよろこびを、よろこびと感じえない先生は、わざわいなるかなです。半歩の前進をも、よろこぶものとなりえない先生は、にくむべきかなです。ひとの子の師である人にとっては、一歩一歩はもちろん、半歩半歩でも、その子がのびていく、その子の意識に進歩的な変化が起こっていくということは、胸をたたいてよろこぶべきこと、「おおよくできた！」と感嘆の声を発してよろこぶべきことではないでしょうか？

ちょうど、夕飯を終えて、この原稿をかきはじめようとしているわたくしに、わたくしの二歳半になる男の子は、

「おとうちゃん、インキのびんのマッチとってやるね」

といいました。みれば、どうでしょう。フタのとってあるインキつぼに、彼はマッチのぼうを何十本もつっこんで、ペン先がはいらないほどにしていたのでした。それでも、わたくしが、しごとをはじめるとなると、

「このマッチとってやるね」

と、指先をよごして、インキつぼの口につっこもうとするのです。わたくしは、彼のいたずらと、いたずらに対して、なにかしらの悪気を感じたらしいことと、このふたつともに、なんともいえないゆかいさを感じて、思わず高笑いをしたのでした。子どもが、少しでものび

ていくことは、親にとってもうれしいし、教師にとっても、ここちよいにきまっています。教育というものは、マカレンコ*がいうまでもなく、微妙で複雑な過程です。しんぼう強い努力と、創意にみちた瞬間のひらめきの付与が必要です。

この子の先生のような教師がいることは、日本の教育にとって不幸です。上から与えられた指導要領とか、最新はく来の外国式教育方法などにばかり目をくれて、子どもの現実、子どもたちの意識の成長の度あい、いまのいまの、その瞬間の子どもの気もち、そういうものを大切にしない教師は、まことにおそろしい存在でなければなりません。こういう先生が、ひとりでもいなくなることを、わたくしは、心からいのらずにはいられません。

「古くさい！」の一言のもとに、子どもの半歩前進をさえ、だいなしなものにしてしまうような「新しい先生」(?)は、わたくしのこの本などには、目もふれないだろうし、たとえ、一、二ページをよんでくれても、

「こいつも古くさいわ！」

と放り投げてしまうでしょうから、わたくしとしては、その子の若い死にかたといっしょに、あきらめてしまいましょう。しかし、この本をよまれた人びとの中からは、ひとりも、そういう教師が生まれないことをねがいあげます。日本の子どものために、心からおねがいいたします。

どうも説教じみてきましたが、おゆるしをねがいます。

19 家庭とのむすびつき

さて、ことのついでに、もうひとつの報告をいたしましょう。これも、すぐ前の話に出てきたG君からのまた聞きです。

その子が、急性脳膜炎（結核性らしいとのことでした）で死ぬ直前から、その直後にあったできごとです。

ちょうど、そのころは、東京に日本脳炎が流行しておりました。そこへ、急にその子が眠りにおちこみましたものですから、両親は、てっきり日本脳炎ではないかと思いました。近所の医者にみせると、その医者も「そうらしい」といって治療をしてくれました。

ところが、少しもよくなりません。それで、こんどは両親が心配しだし、ある大学の病院の医師をよんできて、みてもらいました。

「どうも、これは、結核性の急性脳膜炎のようですな。日本脳炎ではなさそうです。ペニシリンなどをうっても、ききめがあると思われません。お気のどくですが、どうも……」

というのだそうです。

そして、その医師のいうとおり、その子は死んでしまいました。長男を失なった両親の悲しみは、きわめて大きいものでした。

さて、そのあとへ、れいのその子の受け持ちの先生が、くやみに来訪されたそうです。そして、

「病気はどんなぐあいでしたのでございましょうか」

ときかれたので、母親は、前のはなしをかいつまんで語ってから、

「どっちの医者のいうことが、ほんとうだったのか、わたしにはわかりません。もしかしたら迷わずに前の先生に、注射でも、どんどんしてもらったらよかったのではないかとも思います」

思いまどうように答えました。すると、そのとき、その先生は、

「ああ、そうでございますか？　そういえば、お宅のお子さんは、学校でツベルクリン反応の検査をしたときは、要注意の方でありました。何でも、わたくしの組に七人ばかりいたうちの第二番目かで……」

と思いだすようにいいだしたのだそうです。すると、母親は、突然わっと泣きだして、

「そんなことなら、早くお知らせくだされぱよかったのに、急に脳にあがることなどは、なんとか防げたかもしれませんのに……」

くやしそうにつぶやくばかりでした。

そのあとが、どうなったかは知りません。G君も、そこまではなして、そっと目がしらをふくだけでしたから。

ああ、ここでも、わたくしは、この先生の「ひとのいのち」に対する関心のうすさに、おどろき、かつ、あきれるばかりです。

あるいは、「家庭通信」などには、そのことを書いて知らせているのかもしれません。しかし、なにほどかの無知と無関心を示し、日夜の生活的心労につかれている勤労者の家庭では、こういうことにも、気をくばっていることは少ないのではないかと思います。わが子が健康であることは、ひと一倍ねがっているのに、そういうことについては、全く知らずにいたのかもしれません。

そんなとき、学校の先生はどうすべきものなのでしょうか。今は小児結核の増加がやかましく警告されている時であります。さっそく、家庭訪問でもして、何らかの対策を、至急にとらせておくべきではなかったでしょうか。

あとは、くどくどといいません。ただ、ひとの魂の半歩前進を、すなおによろこべない人間は、ひとのいのちについても、そう重視することはないのだろう。――こういうよりほかはありません。口にいわれるヒューマニズムの教育が、現実には、すこしも生かされていない、最低の土台さえないがしろにされている、こう悲しむよりほかはありません。

そして、これも、その先生の罪ではなく、その先生を、外国式教育の考えかたのとりこにさせ、上からのいいつけに戸まどいさせ、時間的にも、むやみやたらに忙しくさせ、一回の家庭訪問にさえ来られないようにしてしまうような、自主的でない教育行政の、大きな罪ではないかと思われます。そう考える方が、ひとりの先生を、むじひにとがめるよりはいいのでしょう。

教師にとって、家庭との結びつきというものは、なににもまして重要なものでなければなりません。

ある女の先生のように、毎日のように、家庭をまわったとか、低学年の子どものポケットに、小さなキンチャクを入れておかせて、それに「教師から家庭へ」「家庭から教師へ」の手紙を入れっこして、週になん回とかの割合で、母との連絡をとったとかいう――そうまで、ねっしんな結びつきは、どこのだれにも、おすすめできることではありません。けれども、せめて、からだのことや精神の上で、問題のある子どもだけについては、もう少しひんぱんな速絡が必要ではないかとおもいます。

そういう意味では、学級ＰＴＡ（これにＣが加わってもよい）などは、そまつな服装のままでも、気がるに出て来られるフンイキをつくりあげ、ときおりひらく必要があると思うのです。

学級新聞などにも、つとめて、親がよむページをつくるようにするよう、子どもたちにもすすめ、教師としては、週刊なら、毎週四、五人ぐらいずつでも、「ひとりひとりに対する先生のよびかけ」をのせていってみるのもよいでしょう。

――利三郎よ。お前のトラコーマが、早くなおることをねがっている。家でも、ほかの人たちにうつらないように気をつけているだろうか？　正直ものだが、はずかしがりや。牛のことならおれにきけか。ノートを、きちんとかくことだ。

こんなものでよいでしょう。

町や村のお祭のときに、どの家の子どもからも、

「先生、おらちによばれて来てくれや」

と招待されて、どこに行ったらよいかわからなくなるまでに、家庭の親たちと親しくなることは、教師にとって、何よりの強味でしょう。そこまでにいくまでには、教師である人の、子どもに対するまごころのあらわれが必要です。

20 ものずき屋育て

子どものときから、へんなものずき屋になってしまうのはいけないことでしょうか。

たとえば、ショウギばかになるとか、講談本きちがいになるとか、切手集めに熱中して、親から小づかい銭ばかりむやみにせびるとか、そういう極端なものは、いけないかもしれません。

けれども、なにかひとつに熱中して、それは、だれからたのまれたりしなくても、食事は

するし、でたくなった小便はしに行くほどに、進取的（?）で自律的で、積極的な行動をするならば、それは、まことにこのましいことではないかとおもいます。物ごとに自主的にたちむかうことの習慣が、それによってやしなわれるとするならば、大いに奨励したいものだとも考えます。

○なんだかわからないが、岩石をたくさんあつめている。
○新聞や雑誌にのったカットをあつめている。
○女の子なら、小さな布の切れはしをあつめている。
○自転車のベルのこわれたのだの、機械や道具の破片だの、そういうガラクタをあつめている。
○矢の根石や土器の破片などをあつめている。
○川原におちている穴のぽっこりあいた石をあつめている。
○どんぐりの類をあつめている。
○小さな箱をたくさんあつめている。
○貝がらを集めている。
○昆虫の標本をあつめている。
○化石をあつめている。

○植物のおしばをつくっている。
○村のコトバのおもしろいやつをあつめている。

このようなこころみなら、それは、すこしばかり、マニアになっていても、大いに奨励してよいのではないかと思います。夏休みのときなどには、こういうことこそ、いっそうやらせたいと思います。

じぶんで、なにかすきなことをやって来いといいつけても、子どもたちは、おいそれと、自発的研究ができるものではありません。むりじいすれば、おとなのひとにやってもらうか、参考書のひきうつしになってしまいます。

こんなとき、日ごろのものずきぶりを発揮して、夏休みあとの展らん会などに、その成果が、みんなの前でひろうされるものなら、もってこいではありませんか。

あつめているあいだに、ひとりでに出ていくであろう比較・研究の態度などは、かえってこのましいことでありましょう。その研究のゆく先が、科学の心、読書への意欲にまで結びついていくならば、よろこばない人はありますまい。

教室に小さいものずき屋がたくさんいて、先生も、この道にかけてはかなわない、そういうことになりましたら、それはそれは、おもしろい教室になるでしょう。

げんに、ラジオ受信機を、子どもからくみたててもらって、安くついたなどという先生もありますが、それは実利以上の尊いものを、教室の空気にもたらしているのではないでしょうか。そういうマニアを、教育的に生かしながら、学校経営をゆたかなものにしていくなら、ものずき屋も、大いに歓迎万才だといってよいのです。

「きょうはお前、写真機のことについてはなしてくれ」

豆写真のものずき屋も、ある日は、小さな先生になって、なかなか専門的な知識をふりまくでしょう。そうすると、切手あつめのものずき屋は、

「切手の種類の話を、外国の地理とむすびつけてやってみたい」

との希望をいうでしょう。

こころよい風景といわなければなりません。

21 子ども博物館など

コトバでばかり博物館だの、美術館だの、図書館だの、何々クラブだのといったって、物と金とがそなわらなければ、気なぐさめだの、ハイカラガリ屋に終るじゃないか、こういう人がありましょう。

しかし、いくらかでも、子どもたちの文化に対する意欲と愛情がもりあがってくるのなら、学校のどこか、そまつな教室のすみっこに、子ども博物館、子ども美術館、子ども図書館が

つくられてもいいでしょう。

「たったこれだけが、子ども博物館か」

こんなことを、人はいったって、先生と子どもたちが、

「これが、わたしたちの子ども博物館なんだ」と、いささかのほこりをもって、経営していくならば、それはそれでよいと思うのです。

もと東京池袋の児童の村小学校の主事をしていて、今は岐阜県につとめていられる野村芳兵衛先生は、昭和四、五年ごろから、昭和十二、三年ごろにかけて、日本の多くの若い教師たちに、教育の考えかたの上でも、具体的な方法の上でも、さまざまな影響を与えました。とくに、先生の創意性のゆたかさが、わかいわたくしたちに、みずみずしい感化をあたえたように思います。

子ども博物館だの、子ども美術館だの、子ども図書館だのというのも、そうしたところから、全国のいなかの学校や教室にひろがっていったとおもいます。美術クラブだの、少年科学クラブだの、文学クラブだのというやりかたも、雑誌『綴方生活』や『生活学校』などを通じ、みんなに知らされ、そこやここに、ひろがっていったものでした。子どもの生活をゆたかなものにしてやること、子どもたちの文化への意欲、その水準をひきあげてやることが、こころからのねがいであったでしょう。そういうわかわかしい気持が、そのころの暗い、型どおりの教育界に、新鮮な風を送りこんだのであろうと考えられます。

のちに『生活学校』の主幹になった戸塚廉君のしごとは、それにいっそうの拍車をかけました。戸塚君は、都市と農村、めぐまれた階級とめぐまれない階級のあいだの「文化跛行性」というものを、日本社会の内部によこたわるムジュンから強調しました。そして、農村の子どもたち、都会の労働者街の子どもたち、貧乏な家の子どもたちが、すこしでも、文化的なものにふれ、文化へのはげしい意欲をもつことは、やがて「生活水準の向上」を希望する、社会変革のための行動のおくそこにつながる信念を、めばえさせるものになろうとの考えをもっていたかもしれません。とにかく、戸塚君が静岡県のいなかでおこなった実践のかずかずは、多くのひとに、さまざまな手本を示しました。わたくしたちも、みんな、それをまねたものでした。

子ども博物館といっても、何もかにも陳列するわけにはいきません。子どもたちの研究の作品や、子どもたちの成長の過程をものがたる、いろいろな製作品などが、つつましくかざられているのです。採集した昆虫などもならべられます。ときには、郷土の歴史の年表や、学問の上からいって、めずらしい物なども、あつめられていてよいでしょう。子どもたちのつくった「わたくしの本」が、よく整理されて、ならべてあってもよいでしょう。その他、これからは、くふうをこらして、子どもたちの勉強になるように、たんなるかざりものでないように経営していったらよいでしょう。

子ども美術館といえば、内外の名画とか、子ども自身の作品とかを、へやの一隅にはりつけておく、画集をならべておく、年表をそなえておく、ねんどざいくをならべておく、こんなものでありましたろう。今では、世界の名画とか、少年美術館とか、よい鑑賞材料もたくさん出版されておりますから、もう少しゆたかな経営ができそうです。

場所は、学校でならば、階段のオドリ場になっているところなどが、なかなかよいとおもいます。図画工作室のあるところなら、そこがそのまま、子ども美術館になりましょう。図画工作室にするか、その片すみを、子ども美術館などと称するかは、形式にしたがうものと、ハイカラずきなものとの考えかたのちがいではなくて、なにごとも、無難な形でやっていくか、わかわかしい気持でやっていくか、これのちがいだといえましょう。

子ども図書館は、いまやかましい学校図書館、学級文庫でよいでしょう。いい本を、なるべくよけいにそなえたいものです。画集や建築図案集のようなながめるものもおきたいのです。

——こういうことを勉強するには、これをみたらよい。

いわゆる「件名さくいん」を、なるべく早くつくってあげたいということも、わたくしは希望します。平凡社の『児童百科事典』や、小山書店の『わたしたちの生活百科事典』も、ぜひそなえつけたいとおもいます。

子どもたちは、「子どもとしょかん」などと、木版とか、ゴム版とかで、ほりつけるのがだいすきです。それを本や陳列物におしてみるのがたのしいのです。そういうしごとにも、かれらを生かしていきましょう。それぞれの係になることもよろこびます。かれの行動性を気もちよく生かさせましょう。館長にでもなろうものなら、かれの責任感は火のごとくもえるでしょう。前節のものずき屋の活やく場面もひろがりましょう。

そのほか、すきなもの同士の「美術クラブ」だの、「ペンクラブ」だの、「文学クラブ」だのもできましょうし、これは学校としての運営の形式にもはめこむことができるでしょう。「子ども新聞社」「子ども郵便局」も、いまでは、どこでもやられているようです。だから、くわしいことはかきません。要するに、形より内容、わかわかしい意欲のあるなしが問題です。

なお、わたくしは、あなたの教室がいつも、生き生きとした劇的なフソイキにつつまれるところになっていることを期待したいと思います。つまり、毎日毎時の、教師と子どもの魂のこまやかないきかいのあるところ、感情の起伏のあるところ、そういう所にしたいわけです。だれでもが、児童演劇をやらしてみると、その劇の脚本が、どうも日常生活から、はるかに遊離していることに、大きな不満をいだくのです。もしも、そうであるならば、どうして、あなたは、あなたの日日の教室を、もっともドラマティックな場面にすることに、努力をはらわないのでしょうか。子どもにとっても、あなたにとっても、人生の日日である教室の生活を、もっと劇的な場面にすることこそ、真に教育的な演劇指導の出発点ではないでしょうか。一同が、感きわまって泣きぬれる、いかりにもえて地だんだをふむ、そういうためしもあってよいのだろうと考えます。

それから、また、あなたの教室を、詩のあるところ、芸術味のあるところ、そういうものにもしたいと希望します。それについては、やはり小著『新しい綴方教室』にもかきましたが、たしかに、わたくしたちは、わが教室を、「詩のある教室」にしたいのです。それと同時に、わたくしたちは、われわれの教室を、「歌声のある教室」にしたいものです。のべつまくなしに、歌ばかりうたわしていても困りましょうが、これからの教室は、もっともっと、歌ごえのわきあがるところにしたいものです。

音楽教育については、まったく自信のないわたくしですから、思いあがったことは書けませんけれども、ともかく、わたくしたちは、子どもたちに、うんと歌をうたう機会を与えたいものだとおもうのです。きめられた音楽の時間だけでなく、折にふれ、時にのぞんで、子どもたちの歌が流れだす、そういう所にしようではありませんか。

第2章

生きた子どもを知るために

1 子ども観察の記録

ケイのあるものよりは、白ノートがよいでしょう。見ひらきの二ページが、学級の児童数だけあればけっこうです。その二ページの左上のはしにでも、学級の子どもの名を、アイウエオ順にかいていきましょう。パッとひらけば、阿部秀吉、大江正信、加藤ハナ子、木村幸一、佐藤ツルノと、子どもの名がみつかるように。

さて、その各ページに、その子についてわかったこと、気づいたことなら、なんでもかきこんでいくのです。学級自治会で発言しためずらしい意見でも、あるいはその言いかたでも、彼や彼女がかいた文章にあらわれた生活の内容の特殊なものでも、見方・考え方の特徴的な点でも。または独特ないいまわしでも。他の教科の学習や昼休みの時間、遊んでいる時間、作業のあいだなどに気がついたおもしろいことがらも。何か先生にうったえてきたことがらでも。よその人からきいたその子どものことがらでも。家庭訪問のときに親たちからきいたお話でも。その子どもにとって「これは!」とおもうことがらは、なんでもかきこんでおくのです。

くわしくかく必要はありません。お忙しいあなたですから、時間のかかる記録はかけません。おっくうがらずに、てっとりばやく、すらすらとかけるような記入の形式でなければいいけません。

ヨコガキにして、

「×月×日、田うないだからひまをくれとのこと、承知した」

「×月×日、カブト虫を机の上にはわす」

「×月×日、春代とけんか、おさがりのスカートのこと」

——こんなふうにかきこんでいくのです。

「×月×日、ウソという綴方。わたしは、そんなことを考えていなかったわけではないけれども式表現」

といった抜き書きもよいでしょう。

あまりこみいった話のときには、たとえば、

「×月×日、雀の卵をのめとのこと、勇気のもんだい」

というふうなかきかたでもよいでしょう。

これは、わたくしのアベ・マサオのページにかかれた実例でありますが、その話というのはこうなのです。

——ある日子どもといっしょに昼食をたべていると、早く食べおわった正男が、机の中から、雀の卵をもって来て、

「先生、これかけて食べろ、食べられるんだぜ」

としきりにすすめるので、わたくしは笑いながら、

「いらない、いらない」といいました。すると正男は、

「先生勇気ないんだな。こんなの心配でたべられないんだな」

と、さげすむようにいいました。正男たちにとっては、雀の卵を、ヒヨロリといきのみにすることが、勇気があるということになるのでしょう。わたくしも、いっそ飯の上にかけてたべてみせてもよいと思いましたが、れいのこともありますので、

「それではもらっておくよ」

といって、もらって職員室に帰りました。

それから理科のじゅんび室からビーカーをもって来て、水を入れ、そのなかに、その雀の卵を割って流しこみました。思ったとおりです。その卵は、もうフ化しかかっていて、ハイが、もはや赤色に雀の形に成長しているのでした。正男の「勇気がない」に負けて、もうすこしで、わたくしはごはんの一部をだいなしにするところでした。アベ・マサオは、こういうコッケイなタクラミを、ときどきやってみせる性質の子どもなのです……。

また、後藤由五郎のページには、

「クキや葉はウサギに食わせるために」

と、かいてあります。

これは、理科で、「ナの花」の学習をしたときに由五郎が発したコトバです。

卒業して間もないわたくしには、理科なんかでも、何かよけいなことを教えてみたい気持がありました。それで、茎や葉の植物生理的役割なども教えたいと思いまして、

「葉やクキはどんな役目をするのでしょうか」

と発問してみたのです。すると由五郎は手をあげて、

「ウサギに食わせるため」

といったのです。

なるほど、前から三番目くらいにいる由五郎は、みんなの持って来たナタネの茎や葉を、じぶんが農村副業の一方面の担当者となって扱っている七匹のウサギのためにもらうべく、さっきから附近の子どもたちと、事前交渉を開始していたのです。もうすでにボロ帯のはしをひきちぎって、しばりつけてさえあったのです。七匹のウサギに与える草を集めるのには、どんなになんぎをしなければならないものかを、わたくしは、前から彼の言動によって知っておりました。だから由五郎が、

「クキや葉はウサギに食わせるためにある」

と、とっさの間に発したコトバにも、わたくしは「なるほど」と同感できたのでした。

――こうして、わたくしたちは、この児童観察の記録をつけることによって、さまざまなコトガラを学べると信じます。

ある子どものページは、見開きの二ページがまっくろになって、ハリ紙をしてかき入れな

ければならないほどになるでしょう。しかし別の子どもの場合には、少しも黒くならないということにもなりましょう。前者はあるいは問題の子ども、複雑な家庭環境に生きる子ども、あるいは特異な精神の持ち主かもしれません。また後者は平凡な子ども、あまり教師の目につかない子ども、あるいは非活動的な子ども、めぐまれた家に育つ子どもであるかもしれません。しかしそれのちがいによって、教師のより積極的な観察もうながされるにちがいありません。指導のめやすが出てくるかもしれません。

またこのノート全体からは、クラスの子どもの現段階のさまざまなありさま、共通点がつかめるともおもいます。一つのことがらに対するそれぞれの子どもの考え方や、もののいい方のちがいにもふれられることでしょう。(たとえば四月十一日、マ元帥*の解任のことについて、ある子は「やめさせられた」といい、ある子は「くびになった」といい、ある子は「やめた」というように)

なおつけ加えておけばこのノートは、家庭訪問で、うちの人との話しをきり出すときに、たいへん役にたつはずです。

たとえば、若い女の先生などは、家庭訪問に行っても、とかく話のきりだしかた、つづけかたに困難を感ずるものです。

「いい天気でけっこうですね」

といって、あとはコトバがつづかないというふうに……。そういうときは、まず、その子の

ページを見てから、家にはいるのです。そして、もんきり型の天気のあいさつをすましたら、

「ええと、このあいだは、ブタが六ぴき生まれたそうですが」

とか、

「このあいだは、アカちゃんが、やけどをなさったそうですが、今はいかがですか」

とか、

「おとうさんは、神経痛で苦しんでいるとか聞きましたが、このごろはどうですか」

などと、はなしをきりだしてごらんなさい。相手のかたいくちびると胸がおのずとひらけてきて、こころよい会話がとりかわされていくことは、わたくし断じて保証いたします。おまけに、お茶うけに、なにかよけいなものがそえられることも。ああ……。

2 「子ども観察の記録」から

べつの子どものページをめくってみましょうか。塩野文吉の見出し。

「×月×日、雨に泣く、いのこり指導。ウサギのえさ。」

こう書かれた一行があるのです。

それは、こういうことでした。そのころ、わたくしは、学年はじめの劣等生指導に力を入

れていたのでした。文吉は、35から17をひくというような計算が、どうしてもできない子どもでした。あれこれと、くふうして教えても、なかなかのみこんでくれません。とどのつまりは、いのこり指導をすることにしたのです。

　ガランとした教室のすみで、わたくしは、彼のよごれたほおにふれんばかりにして、着物からただよういばりくさい匂いを鼻に感じながら、その計算法を教えておりました。

　やがて、すこしのみこんだもののように思いましたので、わたくしは、三つ、四つの例題を出し、かれのそばからはなれました。別の席で、じぶんのしごとをはじめました。

　そのとき、にわかに雨が降りだしました。障子ばりの教室は、さあっと暗さにつつまれました。文吉は、顔をあげて、うつろな目を、わたくしの方にさしむけました。と思ったら、

「ワァ！」

と泣きだしてしまったのです。驚ろいたわたくしは、彼のそばにかけよりました。

「どうしたの？」

「…………」

「また、わからなくなったの？」

「…………」

「どれ、どの問題、うん、58から19ひく。これかい？」

「…………」

「どうして、これがわからなくなったの？　ホラ、8から9はひけないので、どうするんでしたっけねえ？」

「………」

「五十のところから、十かりてくるのでしたねえ……」

そのときでした。文吉は、おこったような声をだして、

「ホダナ、んない！」（そんなことでないよ）

こうさけんだと思うと、身をよるようにして、泣きつづけるばかりでした。いったい、どうしたというのでしょうか。

「ね、ね、どうしたの？　ホダナ、ンナイなら、どうなの？」

「………」

「おこりはしないからいってごらん。カサをもって来なかったから心配なの？」

「………」

「家に帰りたくなったのかい？」

「さ、いってみな」

わたくしは、文吉のほおの涙をふいてやって、たずねました。

「ウサギの草とり、行かん（れ）なぐなるなだ」

ああ、そうだったのか。わたくしは、文吉もまた十匹近い生きものを持っている小さな養

兎家であることを、いまさらのように思いだしたのです。

「そうか、先生、知らないでいてわるかったなあ」

雨がふっては、ウサギのえさ取りにゆくことができなくなるのです。

「夕方くわせる分がたりないのかい」

「んだあ！」（そうなんです）

「よし、よし、それでは、きょうは、これだけだ。早く帰って」

わたくしは、かれが、あわてふためいて、学校道具をふろしきにつつむのをてつだってやりました。カサをかしてやりたくても、てもとにはありません。

「カサがなくても、だいじょうぶかな」

「うん」

文吉はかかるくうなずきました。

「それじゃ、どんどん走っていきな」

「うん」

文吉は、すこしばかりの泣き笑いの顔を、わたくしにのこして、

「サイナラ」

いそいで教室を出ていきました。

そうだったのか、わたくしは、ろうかの反対側の障子をあけました。雨はその後も降って

います。ほっと、深いためいきがわたくしのむねから流れました。

やがて役場のスギ垣のところに目をやると、ムジリバンテンをぬいで、頭からすっぽりとかぶった文吉の、石つぶのようにかける、小さい姿が、目にはいりました。

動物愛などという種類のものでしょうか。生きものに対する責任とでもいうべきものでしょうか。それもありましょう。しかし、そのときぐらい、恐慌下農村の養兎家である、かの幼き人びとの、ほんきな気持にうたれたことはありません。それが、

「×月×日、雨に泣く、いのこり指導、ウサギのえさ」

と、四年生の塩野文吉のページに記入されるまでの経過でした。

もうひとつ、べつの学年の別のページをめくりましょう。ヨコヤマ・ゴロウのページ。

「×月×日、ねていても、ポカンと穴があいているから。」

これは、こういうことでした。

口で呼吸をするのと、鼻で呼吸するのと、どちらでも、それは可能なことですが、はたしてどちらがよいのでしょう。人間は、どうして、口で呼吸することを主にしないで、鼻で呼吸するようになったのでしょう。こういうことに、話がとんでいったときのことでした。

みんなはさまざまの意見をだしました。物をたべながらではイキができないから。鼻の穴には毛があって、ゴミがはいらないように防ぐ役目をしてくれるから。その他その他……。

わたくしとしては、ねんまくから、つねに粘液が流れていることなどを教えておきたいと思っておりました。

「もっとありませんか」

「あります」

横山五郎が立ちあがったのです。

「ほう、いってごらん」

「はい、ねていても、ポカンと穴があいているからです」

これには、クラスのみんなが、アハハ、アハハと笑ってしまいました。しかし、笑いはしたものの、ことの真実に、まったくあきれかえってしまったのです。なるほど、口のヤツは、ねてしまえば、ふさがってしまうでしょう。ところで、鼻のヤツは、しじゅう、ポカンとあいているのです！

「うまい、うまい。そうだな」

わたくしは、笑いながら、いつもは、パッとしない横山五郎をほめました。

「なあ、みんなそうだろ？」

みんなも、「んだ、んだ」と、手をうって、横山五郎の、だれも気がつかない真理への接近を心からほめたたえました。

意外なことになったものです。おとなには、あたりまえなことが、子どもには、ときに、すばらしいことであるものです。

子ども観察の記録は、こういうことにも、あなたの注意をむけさせてくれるでしょう。

さて、もうひとつ。これは、わたくしのとっておきの話です。

「×月×日、馬肉が食いたいとのこと」

これは、Sという子のページに、三年生の夏ごろにかかれたことだったでしょうか。忘れてしまいましたが、わたくしは、文部省の修身教科書によって、「友だち」の間の愛情というものを教えたのでありました。信吉と虎蔵という仲のよい友だち同士があって、青年になると、ある工場につとめました。ところが、そのうちのひとりが、なにかあやまちをしでかして、主人からクビキリをいいわたされました。別のひとりは、友情のまことをこめて、おゆるしを頼んでやりましたが、おこった主人はゆるしません。しかたなく、他日を期して、職場を去って行くさびしい友を見送りました。やがて、残った一人は、すこぶる能率のあがる機械を発明して、工場の生産をどんどんふやすことができるようにしたのです。さあ、主人のよろこび、これにまさるものはありません。すっかり、よろこんで、

「何でものぞみのほうびをとらせるであろう」

といいました。そのとき、彼は、前にくびになった友人を、もういちど使ってくれとたのみました。希望はたちどころにいれられました。そして、ふたりは、友情にむすばれながら、たのしい職場で、一生懸命に生産にはげむのでありました。めでたし、めでたし……。

今にして思えば、なかなかよくできた訓話です。少しくじゃ推すれば、あやまちをしでかしたころは、この工場も不景気の波の中に沈んでいたのでしょう。だからクビキリに、ちょうどよかったのかもしれません。ところで、新しい能率のあがる機械が発明されたのです。よそよりは、安いネダンで、商品を市場に出すことができるというものでしょう。一人や二人は、人をふやさなければならないかもしれません。そのとき、前にクビにしたものをやとい入れるとすれば、そのものは、前のこともあり、いとも従順な労働者となって、主人の前にかしずくことでしょう。資本主義的道徳のコスイには、なかなかもってこいの話です。さてこれは余談です！

この訓話を終えると、わたくしは、先生といわれるもののだれでもがやるように、

「君たちだったら、何でも望めといわれたときは、何をのぞみますか？」

こういう意味の問いをだしたのです。

お金がほしい、家をたててくれ、給料をふやしてくれ。どうせ都市の労働者生活については知らない村の子どもたちですから、せいぜい、これぐらいの答えだろうとは予想しながら。

そのとき、Sが、とっさにさけんだのです。

「先生」

「はい、S」

「馬肉が食いたいといいます」

「うん」

わたくしは、ぐんと胸にせまるものを感じました。

みんなはゲタゲタと笑いました。

「どうだ、みんなも食べたいか」

「はい、はい」

手があがりました。

そのころ馬肉百匁で二十五銭ぐらい。ほかのものをのぞむより、まずこれをのぞむといいだしたSの希望。それはどこから来たのでしょうか？

その前に、つけくわえておきたいことがあるのです。わたくしは、この話を職員室にいって、みんなの前で語ったのです。ところが、二、三人の先生は、

「エヤス（いやしい）ヤロウ！」

と軽べつしたのでした。そのほかの先生は、笑いころげてしまったのでした。

いやしい野郎！　こういい放っただけでよいことだったでしょうか。笑いころげるだけで、事はおしまいになるものなんでしょうか。

Sの家は、村の北の方にある、ボロボロ屋根の三反百姓でありました。今までの綴方や言動や、人びとからのききつたえや、わたくしの家庭訪問のときの観察や、いままでの観察記録によって、ことのてんまつをかきつけることにいたしましょう。

さて、Sの家の近くには、Tという中地主の家がありました。黒板べいに門がまえのりっぱさです。その家には、よく隣町からくる馬肉の行商人が出入りしました。毎日のように肉を買うらしいので、近所の人びとは、

「Tさんの家は肉ずきだ」

と、うわさをしあいました。なかには、

「歯がじょうぶだから、肉ぐらい何でもないだろう」

皮肉をこめていう人もありました。

歯がじょうぶだ！　これはたしかに大きな皮肉なのでした。Tさんは村会議員でありました。それも土木係の村会議員でありました。そのころ、村には救農土木工事というものがおこなわれていたのです。道ぶしんや護岸工事に、国や県から補助をもらって、生活にあえぐ村人たちを、なにがしかの日当でかりたてて、現金収入の乏しさからくる不平不満をなだめていくというしくみでした。Tさんは、その総監督をしているうちに、道に敷いた砂利の量をごまかして、その分だけの金をふところに入れたとのウワサがひろがっておりました。

「砂利《ザリ》食い！」

というあだなさえつけられておりました。

歯がじょうぶだからというのは、

「砂利さえかじるんだから、馬肉ぐらいは」

という皮肉であったわけです。

さて、百匁二十五銭の馬肉は、そのころの村人たちにとって、なかなか手にすることのできない高級品だったのです。年に二、三回、たとえば、「刈上げ」という収穫祝のぞうに餅に、馬肉のいく片かがはいっているとしたら、どうでしょう。

「おお、肉！」

「おお、馬肉!!」

子どもたちは、感嘆の声を発するのでした。

三反百姓の家のむすこSにとっても、それは同じことでありました。

あるときのSの綴方には、こういう場面がえがかれたことがありました。

――わたくしが、あかんぼうをおぶって、火の見やぐらのところで遊んでいると、Tさんの家の方から、いい匂いが流れてきました。馬肉をにる匂いでした。一日子もりをしていてつかれたし、はらがへっていたので、その匂いは、なんだか、腹のそこまではいっていくようでした。せなかのあかんぼうは泣くばかりでした。あちらからの風がふいてくるので、いい匂いは、いつまでもいつまでも、こちらにとんでくるのでした。

なんでもこういう文でした。今はてもとにありませんので、原文をのせることはできなくなりましたが。

「ああ、あのうまい匂いのオカズで、ごはんが食べてみたい」

いつも、ナッパやダイコンのお汁やつけもので、麦飯を食べている者は、こう考えつづけていたにちがいありません。

だからこそ、「何をのぞむか」と問われたときに、「馬肉が食べたい」と、一直線の回答をだしたというものでしょう。すくなくとも、そう考えてよい根拠を、これらの事実は示しているということができるでしょう。

ただかりそめのひと言からも、わたくしたちは、このように深く複雑な子どもの姿と心もちをさぐりとることができるのです。

生きてうごく社会の中の子どもをとらえることは、あるいはむずかしいと人びとはいうでしょう。けれども、教師であるあなたの鋭い目は、このような片々たるコトバからも、生きた社会の中の生きた子どもをつかまえる機会をかちとることができるとおもいます。

そして、いやしいとけなす前に、あまりにつつましい、Sの大望を、わたくしたちは、じっくりと考えてみるべきでしょう。

こういうことは、いまの町や村にも、数かぎりなくある事実だと思われます。

子ども観察の記録つくりは、子どもたちのこのような創意性、このようなたくましい野性、このような意味深い社会性、そういうものを、生き生きとつかまえるための、こよないしごとだと思われます。

3 子どものコトバにきく

たしか算術の時間のことだったと思います。わたくしは、こころみに、「みなさんの家で、この教室くらいな広さのザシキのある人は、手をあげてください」と問いました。教室は四間に五間、坪数にすれば二〇坪ですから、タタミをしけば、四〇じょうになるわけです。この村では、三つあるお寺以外には、こんなザシキを持っている家はないはずです。

ところが、クラスのなかの大部分の子どもが、なんらうたがうところのないように、サッと手をあげました。なかには、この教室に家全体が、トップリとはいってしまうような小さな家に住んでいる子どももおりますのに、かれもまた、へい気で、手をあげているのです。

そこで、わたくしは、なにくわぬ顔で、「うん、よろしい」といって手をおろさせ、それから、この教室に、もしも、タタミをしけば、何枚になるでしょうとの計算をさせました。もちろん四十枚にきまっています。子どもたちは、いまさらのように「ホー」と驚ろいています。

「こんなへやはないいや」

と訂正を申しこみました。

わたくしも、笑いながら、「じつは、先生も、小さいときは、じぶんの家の八じょう間よりも、教室の方がせまいと思っていたことがあったが、みんなも同じだったね」という意味のことをはなして、どうして、「こんなふうに考えちがいをしていたんでしょう」とたずねました。

子どもたちは、しばらくだまっておりました。それから、「ハイ、ハイ」と手をあげて、

――うちの方は、なにかだ（なにか）あるから。

――うちの方は、なにかだするから。

と答えました。

わたくしは「うん」とうなずきました。

たしかに、子どもたちの家の十じょう間や、八じょう間や六じょう間は、なにかだあるところだし、なにかだするところです。たとえばまわりのカベや障子にはのら着もかかっているし、越中富山の万金丹の袋もひっかけられているし、煙にくすんだ柱時計もかかっているし、ときにはヘヤのすみに、俵の山がおいてあるときもあるのです。金をしまっておくタンスもあるのです。また、そこには、お祭のお祝のオゼンが美しくならぶときもあるし、ハラをこわして、ひとりだけでねているときはガランとした空虚さを感じさせるものがあります。きょうだいでおっかけまわる大ふざけもできたし、カヤをつった中に、とってきたホタルを放したときもあるのです。赤んぼうのころから四年生まで、春夏秋冬、さまざまな姿をして、暮してきたヘヤなのです。喜怒哀楽、さまざまな思いをこめて、すごしてきたところです。

まったく、生活の密度からいうとすれば、この教室のような四間に五間の広さの中に、机と椅子がせまくるしく並び、ちょっとさわぎまわれば叱られてしまうような、そして単調な勉強がつづけられるような、わびしいところではないのでしょう。

わたくしは、この「なにかだある」、「なにかだする」という、子どもたちのコトバから、なにかしら、生きた生活のあることを示そうとしている心もちをつかみとることができました。

かれらにとっては、せまい家庭のヘヤの方が、ひろい教室よりもひろびろとした、また、ひろい世間につながるもののあるようなところに感じられているのではないでしょうか。

そして、わたくしは、この四間に五間の教室を、もう少し、生活の密度のこい、また世間の、世界の、全宇宙の、ひろびろとしたものにつながる、とてもよいところにしたいものだとの感がいを深くしたことであります。

いまになって考えてみれば、学校の教室を、生きた家庭や生きた世間と同じようなフンイキのところにすることは、できもしない、そんなことを考えるのは、ある意味でまちがいだとも思いますが、ただ、あの四角四面の教室を、もうすこし、教師と児童、児童と児童たちの間のこまやかな生活の交流のあるところ、魂のふれあいのあるところにしたいものだという心もちは、いまでも、変わりがありません。

それと同時に、この教室こそが、ひろく複雑な天然・自然や、人間の社会の歴史の中によこたわる、ものごとの道理をみきわめる、あくことのない探求者たちのいる、ひろびろとしたフンイキのところにしたいものだという望みも、むかしと変わりはありません。

そして、このような、教育の本質にかかわるような考えかたも、ものの本から学ぶだけではなしに、生きた子どもたちのコトバからしんみりと学ぶことができるのではないかとの感じを、いっそう深くするのです。

真の政治家は「大衆から学ぶ」といわれますが、わたくしたち教師もまた「児童大衆から学ぶ」ことを、もうすこし、だいじにしてよいのではないでしょうか。子どもから学ぶといっても、それは、子どもたちのいいなり放題にせよということではないでしょう。教師としてもっている科学的な予見を、どのようにして、子どもたちの求めているものにてらしあわせて、より一歩の前進をはかっていくかというところに、生きた魂の技師たちのしごとのしかたがひらけていくとおもいます。

さいきんになって、子どもの不良化をなげく声とともに、「しつけ」の問題がやかましくなったことについても、進歩的な社会・心理の探求者（たとえば日高六郎氏など）*は、こういう不良化していく子ども、悪たれ小僧の「声」や「行動」からさえ、新しい人間への、社会への、するどく、すこやかな芽生えの足音をきく、といっています。わたくしも、こうでなくては、教師たるものの先進さは保たれないとおもいます。

つまり、いまの子どもたちが、きびしい社会の中で、モミクチャにもまれ、また、これに反発して、おとなのわれわれには、おもいもよらぬコトバを発したり、常識からはずれたと見られそうな行動をしたとしても、これに対して、ただちにいまの子どもは規律を知らぬというのは早すぎるというのです。そう簡単にいうからこそ、古いしつけ論のむしかえしがおこなわれたり、古めかしい道徳教育がぶりかえされてくるのです。そして、保守的な教育の考え方が、つけこんでくる余地を与えてしまうのです。

それよりも、わたくしたちは、この子どもたちのはげしいコトバ、らんぼうに見えるおこないの中からこそ、これからの世の中、これからの教育が、どうならなければならないかを、するどく察知するような目をやしなわなければなりません。わたくしは、わたくしが、師範学校時代に友とした模範生よりは、同じく、それよりもいっそう親しく交わったいわゆるナラズモノたちこそが、いまの時代では、なかなか腹のすわったいい人間になっていることをおもわずにはいられません。

4　何の花咲き、何の実がなる

あなたは自転車にのれますか。のれたら大へん便利なんですがね。のれなければしかたがありません。テクテク歩くことですね。

学校のまわりを、週に一回ぐらい、時間のゆるす範囲内で、あるきまわることですね。自転車なら、かなりなところをまわれましょう。なるべく放課後がいいのです。歩いてどうする？　というのですか。

なるべく受け持ちの子の家を訪問するということもいいでしょう。けれども、きょうはちがいます。

第一には、小さなノートをふところにして、今はどんな花が咲き、何の実がうれているかをかきとめて歩くのです。どんな虫がとび、どんな鳥が鳴いているかを、ノートにひかえながら歩くのです。

ということは、どういうことでしょう。子どもたちが、どんな自然にとりかこまれているか？　どんな自然ととっくんでいるか、その自然からどんなことをつかみとって来ているか、また来ていないか――そういうことを知りたいというわけです。

朝学校に出て行って、教室でのしごとをし、夕方は暗くなるまで事務をとる、これだけでは、どうしても、子どもをとりまく自然や環境がわかりません。キリの花が咲きだした、山ぶきの花が咲きみだれた、クリの花房が、一種特有な匂いを放って咲きだした、トウモロコシの毛が赤らんできた、ウメの実が色づいた、そういう季節の変化を、すこしもとらえることができません。したがって、その中で、子どもが、どんなにうごいているか、とびまわっているかも、生き生きとつかみとることはできません。

ですから、学校で子どもたちと話すばあいにも、うるおいのある話ができなくなります。背景のない、平面的な、一直線のことばかりしか話せなくなってしまいます。

「あなたのところの近所にナシの花が白く咲いていたね。ことしはうんとなりそうね」

「うん、だけど、ナシの実がなる年は、大風が吹くって、おじいさんがいっているよ」

「どうして、また、そんなことをいうんでしょう」

こんな話しあいができにくくなるのです。

ところが、学校のまわりを、週に一回ぐらいずつ歩きまわってごらんなさい。

まだよく熟しもしないグミをたべて、しぶい、しぶいと顔をしかめている子がみつかります。ぶっくりとふくれた腹を出した裸の子が、焼いたトウモロコシを、ハーモニカを吹くみたいなかっこうで食べているのにでくわします。くちびるをムラサキ色にそめて、桑の実たべに、むちゅうになっている子どもがみつかります。高いナシの木の上から、

「先生！」

とよばれて、上をあおぐと、

「ひとつやろうか先生。ハチが食べかけたうまいのがあるよ」

「どうして、ハチがたべかけるとうまいのですか」

「だって、ハチのやつ、ぼくたちより、さきに、ナシの実がうまくなってきたことを知って

いるんだよ」

こんな会話をすることができるのです。ときには、トウモロコシの毛を、チンポのまわりにまきつけて、

「おとなだ！　おとな！」

と、さわぎまわっている子にでくわします。アカネ草のいらいらする茎のひっぱりっこをして、ポンときれたやつを、たがいに見せあい、

「やあい、お前が女だ」

「やあい、男だ」

こんなことをさけびあっているのに出あいます。茎のズイがダラリとさがった方が男で、ズイのつかなかった方が、女だといってあらそう、一種の性的な遊戯です。

「先生、ほら、みてごらん。ぼくの家の屋根に、もうアヤメが咲いたんだよ」

「先生、うちのツバメの子、もうかえったんだよ」

こういうはなしもきけるのです。こうしたことから、自然の中にいる、生き生きとした子どもの姿がつかめるのです。

ですから、教室でも、

「ね。あなたのうちの前に、チンチョウゲがもう咲いていたでしょう。いい匂いね。どうして、あんなにいい匂いなんでしょうね」

こんな問いも発することができるのです。

そして、このことは木や草に乏しい都会では、いっそうめだつものをつかみとることができるでしょう。

「あの君の家の近所のボケの花の咲いているうち、なにしているうちなの？」

「イチジクの実が、たくさんなっていたね。あれたべたことある？」

と、話しかけることができるでしょう。こうして、季節の変化の中にいる子どもたちの生活を、どこかしらゆたかなものにしていけると思うのです。外界の事物に対する目のひらきかたを、するどい、しかも、ふっくらしたものにみちびいていくことができるのです。


第二には、村の人びと、町の人びとが、いま、なにをしているのかを、よくみて歩くことです。麦をほしている、田の草とりをしている、蚕のしごとがおわったので、外に出していたスエフロを、家の中にもちこんでいる、どこの家でも、井戸がえをやっている、さまざまなことに気づくでしょう。子どもたちの遊びかたのいちいちにも、気がつくことになるでしょう。としよりや幼い子どもたちが、どんなにしているかもわかるでしょう。

都会でも、都会は都会で、また、さまざまのことが目につくことでしょう。この中で、遊びばもない子どもたちが、どんなふうにしてあばれているかを知ることができるでしょう。

そうしたら、教室でも、さまざまな話題に関して、子どもたちの見聞に調子をあわせた話し合いができるようなるでしょう。

「こないだ、あそこの三丁目のかどのところにボヤがあったらしいね。知っていますか」

「はい」

「はい」

「どうしたのかしら？」

「あのね。テンプラの油に火がついたんですって」

こんな話題にも、それは展開していくことでしょう。

生きた子どもを知るためには、そういう自然、そういう生活の環境を、よくわかっていることが大切です。

教育というしごとは、朝から晩まで、生きた子ども、人間相手のしごとであるために、その職業のにない手、教師たちを、ひどく季節の感覚に乏しいものにしてしまいます。また、学校に来ている子どもだけを相手にしている関係上、その子が、どんなところから来ているか、複雑な環境についての考えかたを、とても概念的にさせてしまいます（学校のしごとはそっちのけにして、魚つりばかりしている先生の、季節の魚についての感覚などは、もとより問題外ですが）。

わたくしたちは、どうしても、「何の花咲き、何の実がなる」ような、変化の多い環境から、わたくしたちの子どもらが、学校に出できているることを、まず知らなければならないと思うのです。

一・二年生と、算数や国語のべんきょうをするときでも、

――現在はどんな花が咲いているのか？

――子どもたちは、いまどんな実をたべているのか？

これすら知らないようでは、とても「実例」をだしてやることもできないでしょう。もうアサガオの花などは注意をひかない季節なのに、出てくる例が、いつもアサガオであってはたまりません。

――さあ、カブトムシをとりにいきましたよ。

――オニヤンマをとりましたよ。

こんなことをいいだしてごらんなさい。きのう、それをやった子どもは、ビクッとして、目をかがやかしてくるものです。

5 子どもの作品をよくみること

綴方（作文）でも絵でもかまいません。

これがどんなに大切なものであるかについては、小著『新しい綴方教室』にくわしくかき

ましたので、ここには、くりかえさないことにいたします。

一日じゅう、ひとりひとりの子どもについてまわっているわけにはいかないわたくしたちとしては、どうしても、子どもたちが、ありのままのことを、ありのままに、じぶんのコトバで、じぶんの頭で考えたことも入れてかいてくれた綴方というものを、大切にしなければならないとおもいます。生きた自然、生きた社会のなかで、子どもたちが、どんな感情のうごかしかた、どんな思考のめぐらしかたをしているか？ これを、彼らのコトバのつかいかた一つからさえ察知できるものは、綴方です。

つぎに、一つの例だけをだしましょう。あまりひどい方言は、共通語に訂正いたします。

〔 〕はわたくしの註、傍点は要注意のところ。

劇をして来て

松沢〔部落〕では学芸部〔クラスの自治会の〕言ったのを守って、上〔の宿〕と北にわかれて、誕生会の劇を練習をしていたのであった。僕は北にまざっていた。しげみ君の小屋でするのであった。

僕はかばんを家に置きに行くと、おばあさんに、

「田に牛《べこ》ひっぱりに」と言われるから〔五年生の子が、家内労働のにない手として計算

されることを考えよ！」どうぐをしげみ君の小屋において劇をしていた。

終ってからも「どろぼうとじゅんさ」のまね〔いつでも、どこでも流行する悪漢探偵ごっこである〕をして、そこらここらめぐってあるくと、おばあさんにめっけられた。「なにしているんだ」といわれると「うっ」といってにげて行って、僕と茂君が、またどろぼうになった。

そして「家に行くとしかられるずはあ」〔この心配を考えよ！〕などといいながら、かばんをもって来て家に行くと、おじいさんが、

「なんだ。そんなに、いつまでも遊んで来て」といわれた。僕は、

「だって、今週の土曜日に劇をしなければならないのだ」というと、おじいさんは、

「何、劇をするんだって、今の学校さ〔というものは〕劇など、ゆうぎなど、図画などばかり、一ちょう前〔一人前〕で、学問などするひまがないくらいにさせるんだなあ。〔昭和十一年である。想画教育で有名な学校だった。わたくしは、いわゆる生活教育をやっていた〕せんには、ゲキなんてさせないし、ゆうぎなど、おどりなどしなかったし、図画などもエンピツでかくだけだった」

といった。〔おじいさんの教育観をみよ！〕僕は何もいわれなくなっていた。〔その当然な自信のなさと、言論の不自由を考えよ〕おじいさんはどなり声で、

「田に牛《べこ》ひっぱりに行け」〔ついにこうだ！〕

といった。そして「餅くれてやる」（おびき出し、または融和政策だとよみとれ！）といった。たたかれると思ってもらわれない。（このうたがい深さ。いつもこういうことがあるのだろう）すると、おじいさんは、

「いらないなら、からずき（げんこのこと、カラズキモチともいう）三つもやるぞ」といって、きせるをもって来た。僕はだんだん走って田に行った。

僕はその日河原に図画かきにいったとき、ねむって来て（土堤でい眠りをしていたのだ）図画をかかないのでした。それで、その日の夕方、善一郎のところに図画紙借りに行くと思ったら、茂君のおすみさん（叔母）が、

「おら家の茂、ここらへんに、来なかったか」

といったから、「来ないな。どうしてや」というと、おすみさんは「よろしくな」といって地蔵様の方に行った。

茂君の家の所までいくと、茂君の家の北側となんどの間のところが、なんだか暗くなっていたので、行ってみたら、茂君が小刀をもって、はだしで、板をけずっていた。僕は茂君に、

「何したの、お前のおすみさん、来ないかといったぜ。おすみさん、ここを行く時、お前知らなかったのか」

というと、

「おぼえている」といった。僕は、

「はだしになんかなって、どうして、そんなところにいるのだ」というと、茂君は、

「あのありや、誕生日祝いの劇、あんまり長くして、ぼだされた〔追い出された〕のだ」

といった。

僕は、

「こんど、あんまり長くすんな、なれ」というと、

「こんど、長くしていられないずあ〔いられないというわけさの意味〕」といった。〔中略〕

今度は善一郎君〔同級、劇とどろぼうごっこの仲間〕の家の方にいって、「善一郎君」とよばると「何だ」といって来た。僕は「画用紙かさんないか」というと「かす、かす」といって家に走っていったが、画用紙一枚もって来て、僕にわたして、家に行くところであった。僕は、

「お?」〔ここのよびかけの微妙さを見よ〕というと、

「なんが」といってもどってった。

「茂、劇をして、追出《ぼた》されたどや〔ということだ〕」

というと、

「ぼうがや」〔そうか!〕と顔をまっかくした。善一郎君は、

「だから、こんど、あんまり、いつまでもしないで来ようね」といった。
二人が茂君のところに行くと、まだ、そこに立っていた。
「ほれ、家さ、行けったら、でないと、おれ、心配でよ」といった。〔この困惑と友情！〕
そこへ六年生の茂八君が来た。茂八君は、平気な顔で、〔人の気も知らないで！〕
「何してるの?」といった。指をさして「はだしでなんかいて」といった。茂君は泣く
みたいな顔をして、涙をふいていた。
家の前までつれて行くと、茂三君〔茂の弟〕が来た。
「で、で、〔あら、あら、おかしいの間投詞〕あんにゃ〔兄さん〕泣いて」
というと、茂君が追っていく。〔こういうときでも、兄の体面を考える子どもの気持〕
茂三君は家の中にはいって行って、
「来らんなくてほりや〔家には来られまいよ〕」といった。
そこへ、おすみさんが来て、
「正ちゃん〔作者の愛称〕たち、行ってけろは」〔このブッキラ棒が、十七・八歳の村
の女性のやりかただ〕といった。
川ばたまで行くと、あとについてきて、おすみさんが、
「劇なんて、ほんとに、しているの?」ときいた。僕は、
「ほだ」といって帰った。〔この断言！〕

子どもたちの自治会で練習させた劇の練習が、こういう「悲劇」と「喜劇」を、実際生活（父母といる生活）の上ではつくりだしていたのでした。どうも、国分先生たるもの、少しばかり考えこまされたのでありました。あまり忙しくないというのでやらしたのでしたが、やっぱり「無料労働力」としてあてにされている子どもにとっては、ムリでした。

ともあれ、こんなゴタゴタの文ひとつをみても、じつによく、村の生活と、子どもの心理がうかがわれましょう。それを表現するときの、かれらのコトバの微妙なつかいかたと、記述の態度におどろきます。方言では、もっと微妙な、その声音さえきこえるほどの云いまわしが出ているのですが、きいていただけないのが残念です。いや、あなたは、あなたのお子さんについて、そこまで読みとることができるのです。テニヲハひとつの使いかたさえ、子どもの感情や思考力のいかんにかかわります。

6 そのほかの機会

文学作品をよむこと

教師の目は、えてして観念的・概念的であります。生きた事物を具体的に把握する力にかけています。つまり色メガネでみるのです。既成の概念（その概念も新鮮な、科学的なものなら結構ですが）で解釈しがちなのです。児童心理学などのコトバに、子どもたちの成長する複雑な過程を、あっさりと移してしまうのです。

　これをなくすには、いい文学をよまなければなりません。文学の生命は、生き生きとしたものを把握している点です。子どもを題材とした作品にも、いいものがたくさんあります。おとなの文学では、『ジャン・クリストフ』『トム・ソーヤーの冒険』から『オネーギン』『幼年時代』（トルストイ*、ゴーリキー*、カロッサ*その他）など、子どもの心理をよくうつしだしています。いろいろな社会の中の子どもをかいています。黄谷柳*の『シャーチュー物語』にも、少年の魂の成長と変革の過程が出ています。マカレンコの『塔の上の旗』には、しいたげられた子どもたちの新しい人間への飛躍的成長の姿がかかれています。日本の作家の作品にも、少年をえがいたものは多いでしょう。『路傍の石』も『風の中の子ども』もそのひとつ。『白い壁』（本庄陸男*）『救護ニュース附録』（小林多喜二*）には労働者街の子どもの姿が出ています。『あさくさの子供』も市井の子どもをえがいています。また、児童文学作品も参考になります。わたくしは、教師諸君に、物事の具体的な把握のため、「大いに文学をよめ」とさけびます。

町・村一覧を具体化してよめるようになること

　これはむずかしいことです。どこの役場でも、これをつくっています。

それを一枚もらって、それを世界情勢や国内情勢と結びつけて、この町、この村が、どのような位置にあるのかを、だんだんにつかみとっていくことが必要です。いわゆる型ばかりの郷土調査でない、社会的・歴史的な把握こそ、その中にいる子どもたちの生活と精神を、はっきりさせる、大きな土台になるでしょう。

村の青年や成人たちの中に行くこと

いろりばたで、茶をごちそうになりながらムダ話ができるまでになることから修養しなければなりません。はじめは、とても話し合いができなくて困ってしまうかもしれません。裸になることです。ほんとうは、これができなくては、子どもたちの心をゆりうごかし、子どもたちの生活を規定している土台にくいいっていくことはできないと思います。

子どもと遊ぶこと、しゃべること

小さい子ども、大きい子どもの区別はありません。できるだけ遊んでやることです。また、おしゃべりをすることです。そこから、だいじなことをつかみとれます。わたくしは、ここに遊びかたについてまでは書かないことにいたしましょう。

生活発表会、生活検討会をもつこと

口頭による発表と、口頭による批判・検討の会です。自治会なども、子どもたちの生活問題が出てくれば、御用自治会ではなくなりましょう。なまな生活が、どしどし出れば、しぜんと子どもをつかむ機会が多くなりましょう。こうした方面の本も、かなりよけいに出ていますので、わたくしは、くどい説明をはぶきます。

空想ばなしをやること

たとえば、「リンゴがひとつありました」といって、クラスのみんなが、ひとりずつつぎつぎと、そのつづきの文句を出し、童話風なものにまとめていくしごとです。デタラメな話になってもけっこうです。口頭でよいでしょう。子どもの中には、とてつもない方向へもっていくものがあるものです。子どもたちの夢をさぐりとるひとつの方法です。

第3章

師である人の自己変革のために

1 わが胸のここにいるもの

わが胸のここにいるもの、それは俗にいう封建性という古い虫です。それを、なんとかして殺すために、このページをつくります。

あなたは、こういうことができますか?

むこうの方から、じぶんの教え子である信一郎が歩いてくるのです。けさは、はじめての対面です。そのとき、

「信一郎、お早よう!」

こちらから、すなおによびかける勇気がありますか。たいていの人が「どうも」と首をかしげるのです。

また、わかい女の先生であるあなたが、登校の道をいそいでいます。と、すぐその前を、後姿でも、じぶんの教え子の道子であるとすぐわかる、その道子が歩いてゆくのです。もう七、八歩、足をはこべば、あなたは、道子に追いついてしまいます。そのとき、あなたは、ごじぶんから、彼女の背なかに、

「道子さん、おはよう!」

こう素直によびかける勇気と淡白さをおもちですか。

たいていの人は、「いいえ」と答えるだろうと思います。学校にいる時間は、毎日生活をともにしているじぶんの教え子ですもの、たまには、こちらから、こうよびかけて、その声におどろいた道子が、うしろをふりむいて、

「あら、先生、おはよう」

こういう親密さをあらわしあうということは、考えてみれば、まことに美しい風景です。ときには、あってよいこのましい人間的接触ともいえましょう。

ところが、それが、なかなか、やっかいなのです。そうかんたんに、こういう間柄になることはむずかしいのです。たいていの女の先生は、そういうことはしないで、サッサ、サッサと道子を追いこします。やがて道子は、先生の半歩ぐらいあとになるのです。そこで、じぶんの先生だとわかると、あわててちゃんと立ちどまり、

「先生、おはようございます」

こう、型どおりのあいさつをするのです。すると、先生は、このときよしと、おもむろに、「おはよう」

と、いうのです。どうでしょうか。こういう形ではないでしょうか。

わたくしが、地方にいったりして、この話をしますと、どの先生も、「そうだ。そうだ」というように、にが笑いをしいしい、うなずきます。なかには、「いや、もう、そうではあ

りませんよ」という人もありますが、それはごくごく少ない数のようであります。

なぜ、こんなことができないのでしょうか。やろうと思えば、たやすくやれそうなことを、どうして、あっさりやれないのでしょうか。それは、こういうことを、やりしぶらせるものがあるのです。胸のドキドキです。くちびるのふるえです。わが胸のそこにいる封建の虫が、どうしても、そういうことをやってのける勇気を、おしとどめているのです。先生が目下のものに先にあいさつするなんて！

わたくしたちは、この古い虫をなくさなければなりません。先生も子どもも、同じ人間同士、一人一人の市民同士と、その対等さを、頭には思い、口にはいっても、具体的には、そうさせないこの虫を、わたくしたちは、一刻も早くおしころしてしまいたいとおもいます。それには勇気を出すことです。思いきってみることです。一度やってしまえば、胸の中は、せいせいします。

そういうことは、あまりにも、教師たるものの権威を失なわせるものだ、こうおっしゃるかたがあるかもしれません。ソヴェト・ロシヤの「生徒規則」には、先生にあったら、帽子をとり、じぶんから先に、ていねいなおじきをせよという第何条さえあるではないか、こういって抗議をするかたもありましょう。わたくしも、教師の権威を、大いにみとめるひとりですから、そういう礼儀は、たしかに、あってよろしいとおもいます。

けれども、そういう礼儀があるにしても、こちらから、親愛なあいさつをしたり、よびかけをしたりすることは、禁じなければならないものだとは思いません。それに、わたくしは、教師の権威は、むしろ、べつのところで、大いに示すべきものだと考えていますから、こんなところで、かたくなな権威をふりまわす必要はないだろうともおもいます。

わたくしは、静岡県小笠郡の桜木村で、農村民主化運動をやっている親愛なる友、戸塚廉君の行為に、しみじみとうたれたことがあります。これは、生徒に対してではありませんけれども、戸塚廉君は、田の草とりをしている百姓の人が、こっちを向いていなくても、村のたんぼ道を通るときには、きまって、

「こんちは」

とよびかけて歩くのです。それも、少しでも、てらうとか、おもねるとかいうのでなく、あっさりと、すらりとやっているのです。わたくしは、じぶんが、農村の教師をしていたときに、どうしても、こういうことのできる人間でなかったことを、たいへんはずかしくおもいました。

また、こんなことをいっているわたくし自身が、じぶんから先に、子どもらに、朝のあいさつをするまでには、どんなに満身の勇気をふるい、ふるえるくちびるに、どんなに困難な理性の命令を伝達したものであったかを、正直に告白しなければならない男なのです。

わたくしの学校の校長先生は、「あの帽子」で有名な人でした。その帽子というのは、別

に他の人のと変わりのないソフトですが、しきりに帽子をとって、村人におじぎをするので、そのつまみのところが、すりきれているというのでした。「すりきれるだろう！」ということだったかもしれません。「あの帽子、あの帽子」と、村の有力者からいわれておりました。「頭の低い校長先生」だともいわれておりました。

けれども、その校長先生も、子どもとあったときだけは、じぶんからあいさつすることは、断じてやらない習慣でした。それから、よく見ておりますと、村でよく知られた人のほかにはやっぱり、じぶんから帽子をとることはしませんでした。まして貧農の人びとの前を通るときは、そういうていねいなことはしませんでした。つまり、「よくじぶんから帽子をとって、おじぎをする校長先生」も、じつは村の有力者の側から、こういわれたコトバであったのです。

わたくしは、このことも、わたくしたちにとって、たいへん教訓的だったとおもいます。わたくしたちの胸には、「下にうそぶく封建性」と「上にひざまずく封建性」と、二匹の古い虫が、やどっているようです。

私たちは、この二匹の虫を、なんとかしてなくしていかなくてはならないと思うのです。

2 先生ともあろうものが！

こういうことは、あなたのまわりにないものでしょうか。

あるところに、ひとりの校長先生がありました。教師の威厳というものを、たいへん大切にする先生でありました。

壇上に立って訓話をする場あいでも、前に並んでいる全校生徒が、敬礼をしないうちは、ぜったいに、じぶんからさきに、えしゃくをするということはありませんでした。階段をのぼって、おもむろに中央正面に立つのです。そのままつったって、子どもたちの一せいにする敬礼を待っているのです。こう訓練することを、すべての学級担任教師に要求しておりました。そのおかげで、いつか視察に来た視学先生から「聞き方の訓練」がよくできていると、ひどく、ほめられたことがありました。

さて、ある月曜日の朝のこと、その謹厳なる校長先生が、ハチにさされて、顔がブクブクにふくれたという事件が判明いたしました。きのうの日曜に、お庭そうじをしているとき、アシナガバチのすを発見して、竹ぼうきの先でつっついたら、たちまち、つきさされてしまったというのです。目が見えなくなるほどにふくれて、別人のような顔でした。ほんとうに、新しいジャガイモに、細い目をかいたような顔なのです。

「おや、校長先生、どうしました」

「お早うございます。あら」

先生たちも、いうべきことばがなく、微苦笑しながら、校長先生の前の出勤簿に印をおすだけでした。なかには、こらえかねた笑いを、大いそぎにろうかまで出ていって、ホホホハハハと吹きだしてしまう若い女の先生もありましたが。

さて、あいにく、その日は月曜日、校長先生の定例訓話の日でありました。

困りきったらしい校長先生は、その看護当番の若い男の先生をよびだして、

「君、すまないが、きょうの訓話はやめにして、何かラジオ体操でもやってくれないかねえ」

とたのみこみました。

「体操?」

「ああ、でなかったら、なんとか、まろめてくだされば よいし」

わかい男の先生は、あっさりといいました。

「校長先生、そのままでけっこうです。天真らんまんでいいでしょう」

校長先生だって人間だ、たまには、子どもたちと同じように、ハチにさされて、こういう顔になるときもある、その「ありのままの姿」が、かえってよいのではあるまいか、というような顔つきでした。

「いや、だめだよ。君、校長ともあろうものが、ハチにさされたというのではね」

校長先生のコトバには、少しばかりムッとしたようなかげがやどっていました。

「わかりました」

わかい男の先生は、校長の前を去りました。

やがて始業のカネがなったのです。子どもたちは、校庭に集合しました。わかい男の先生が号令をかけて、朝のあいさつがすみました。わかい男の先生は、ふたたび壇上にあがりました。そして、手マネ、足マネよろしくしゃべりだしました。

「きょうは、校長先生のおはなしの日なんですが、じつは校長先生は、こうなんです」

彼は両手を顔のまわりにあげて説明しはじめたのです。

「ハチにさされて、ブクブクです。はずかしいとおっしゃって、あちらの方に、ひっこんでおります」

子どもたちは、大笑いに笑いました。その笑いはいつまでもとまりません。

そこで、わかい男の先生は、

「みなさんは、どうですか。ハチにさされたことがありますか?」

と問いました。一せいに黄色い手があがりました。当然なことです。いつか一度は、こうしためにあったことのあるワンパクどもが、村の子どもなのです。

「よろしい。そのときに、どんなにしてなおしましたか?」

また、手があがりました。わかい男の先生は、つぎつぎと指名しました。

歯クソをつけたというもの、ト石のカスをつけたというもの、アンモニア水をつけたというもの。なかには、小便を手にとって、ほっぺたにつけたというものもありました。

「そうですね。先生もそんなにしてなおしたものです。では、小便や歯クソをつけると、どうして、いたみがとまったり、はれがひいたりするのでしょうか？」

答える子どもがありました。わかい男の先生は、要領よく整理をしました。酸を中和させるという理科の勉強が、この朝の訓話のかわりになりました。それから、校長先生でも、人間である以上は、ハチにもさされるものだということも……。

子どもたちは、トットコ、トットコ、レコードに足なみを合わせて、たのしそうに、教室にはいりました。その顔の明るいこと、うれしそうなこと。

「校長先生ともあろうものが！」というおとなのつめたい思惟は、こうしてどこかに消しとんでしまいました。あとでこのことを知った謹厳なる校長先生も、かのわかい男の先生の暴拳をなじるわけにはいかないくらいに、その日の朝の空気は、さわやかなものになりました。「校長ともあろうものが！」という意識は、先生のだれにものこっている考えです。しかし、今日では、このことを、いつまでも、固いカラに入れてとっておくべきではなくなったのではないでしょうか。

先生が、わたくしたちと同じ小便所で、小便をしているのをみたときに、幼いわたくしは、ひじょうにびっくりしたことがありました。そしてまた、少し安心したような気持になったことがありました。

「先生ともあろうものが、これも知らない」

といわれること、それはたしかに恥としなければならないときもありましょう。しかしながら、わたくしたちは、

「先生ともあろうものが！」

という、あまりに過剰な自己意識——そして大へん古い自己意識——は、このさいやっぱり、いちおうすててかかるべきではないでしょうか。

3 飴でさそって、金づちでうつな

子どもにとって、心理は論理である——などといいますが、つぎのような心理と論理のつかいわけはやめましょう。幼い人間たちの魂をつちかう教師としては、あまりにも、むごたらしく、また分裂症的なあやまりでもあるからです。

あるところに、とても訓話のうまい校長先生がありました。わかいときには、口演童話の修業もしたとかで、いわゆるオトギバナシの実演は、どうにいったものでありました。古い人情ばなしや、感げき美談が主でありましたが、子どもたちをゲラゲラ笑わせたり、しくし

く泣かせたりすることには妙を得た人でありました。ときどきの訓話にも、その名ごりがあらわれていて、さすがはと、人びとを感嘆させせました。

さて、六月はじめのころだったでしょうか、そのころになりますと、その校長先生は、毎年「青ウメをたべてはならない」との訓話をするのが例でした。

全校生徒がきちんと集合した前の、すこし小高い壇上にたって、まず校長先生はよびかけます。

「みなさん、もうそろそろ、青梅が大きくなりましたねえ」

子どもたちはみんなコックリをいたします。

だが、そのとき、三年生や四年以上の子どもたちは、もう、そのつぎにでてくるコトバを警戒して、左右に、意味ありげな目くばせをいたします。

「どうです。みなさん。もう青梅をたべた人はありませんか？」

校長先生は子どもたちの顔を見わたします。けれども、だれも手をあげるものはありません。当然なことです。だれが、こんなときに手をあげて、大衆の前でしかられたり、はずかしめられたりすることをよろこぶ子どもがあるでしょうか。

したがって、校長先生も、これにはなんの不満も感じません。予定のごとくつぎの質問にうつろうといたします。

と、そのとき三・四年以上の子どもはニヤニヤした目付で、左右の間で、おたがいに警戒します。そでをひくものもあり、手と手をさわりあって、あいずをするものもあります。だって、つぎに、なにがでてくるかを、彼らはそして彼女らは、とうに知っているからです。

「それでは、みなさん、青梅のタネがかたまりましたか?」

そおれ、ごらんなさい。いつものとおりではありませんか。三年以上の子どもたちは、ひとりとして答えるものはありません。

「かたまった!」

と答えても、

「かたまらない!」

と答えても校長先生のたくらみにひっかかることは必定なんですから……。

ところが一年や二年生は正直です。校長先生の深いたくらみを見ぬく力もありません。そっちこっちで、大きな声をあげて、季節の感覚に敏感であることのほこりを、われがちにと告白しだすのです。

「かたまったア!」

「かたくなったア!」

ああ、校長先生にとって、万事はうまく進みました。それで、さっそく、おもおもしい、おとなの論理がくだされます。

「そおれごらんなさい。青梅をたべてみない人が、なかのタネがかたくなったか、ならないかが、わかるはずはない。さっきは、食べないといったくせに、ほんとうは、もう食べてしまったにちがいありません！」

かくて、この校長先生は、子どもの心理をたくみに利用することによって、いまや青梅の種子はかたくなったことへの具体的行動による観察を告白させ、おびきだし、それにむくいるには、厳然たるおとなの論理をおっかぶせることによって、じぶんの叱言の根拠をつくるのです。

青梅のタネというものは、中にあるものであって、わってみることなしにはそれが、もう固くなったのか、まだやわらかいのか、わかるはずはない――といった論法からはじまって、あの青梅をたべることの危険さ、あの中には青酸とかいう恐ろしい物がはいっていて、それをたべればみなさんをたいへんな不幸にみちびくばかりか、おとうさん、おかあさんにも、大きな心配をかけるのでありますなどという説教をくりかえしても、子どもたちの胸には、ビンビンはいっていくことはなくなります。

一、二年の子どもたちは、

「なんだそんなことなら、あの問いにも、黙殺の手をつかえばよかったのだ」

と後悔し、三・四年以上の子どもは、すでに去年あるいは一昨年あたりから知っているので、「校長先生のペテン」にはひっかからなかったことに、大きなほこりと快感をおぼえているのです――。

このような、子どもの心理を利用してさそいだし、おびきだし、そのあとは、たちどころにおとなの論理をおっかぶせて、なにかを叱り、なにかをやらせようとするやりかたは、わたくしたちのしごとのいろいろな部面で、無意識のうちにくりかえされていないとはいえません。

クラスの中で、何か物がなくなったときに、ぬすんだらしい犯人をみつけだすやりかたなどにも、この方法がとられがちですし、最近の社会科の「動機づけ」や「ごっこ遊び」などにも、これが顔をだしていないとはいわれません。

この「飴でさそって金づちでうつ」方法が用いられる限り、わたくしたちは、子どもといったいとなることはむずかしいでしょう。

「なにかテがありそうだ」

と思わせるようなやりかたをしながら、教師と子どもとの一体化を説いても、それは、できることではありません。

これは、また圧制者や支配者が、ぐまい（彼らには、そう思われる）な人民をてなずける方法でもあったのですから、あたらしい教育に、これを、そのまま用いることはできないでしょう。

教師の古さからの自己解放の道は、こんなところからもみつけられましょう。

4 ふたたび胸のムカムカについて

あなたはいかがでしょうか。

「先生が、あの川の方には行っていけないといいました」(A)

「先生が、あの川の方には行ってはいけないとおっしゃいました」(B)

「そのとき、先生が教室にはいってきました」(A´)

「そのとき、先生が教室にはいってこられました」(B´)

こういう綴方が、あなたのてもとにとどいたとき、AとBとを、なんの区別もなしに、さらりと読めますか? AやA´をよんだときよりも、BやB´をよんだときの方が、何かほのかに胸があたたかくなるというような気持は、起こりませんか。AもBもA´もB´も、結局するところは、同じことをかいているのです。それがただ、AやA´には敬語を使ってなく、BやB´には敬語を使っているということだけで、受けとる気持にちがいがあるとすれば、ちょっと考えなければならないと思います。たしかに敬語も必要なときはあるでしょう。しかし、こんな小さなことで、一方の子どもに対しては、胸をムカムカさせ、一方の子どもに対しては、心ほのかにあたたかく感ずるものがあるとすれば、それはやっぱり、一種の封建的な気持だといわなければならないとおもいます。

外国語でいってしまえば、「きました」も「こられました」も同じことなのに、日本語でだけは、かなりなちがいを感じなければならないとすれば、それはまことに残念なはなしです。まして、このことばのちがいで、教師の子どもたちに対する態度がちがってきたりするとすれば、小さい問題ではなくなりましょう。

あるところに、四十をすぎた女の先生がおりました。なかなか、しつけのきびしい先生でありました。でも、そのころ流行の考えかたで、クラスでは、自治訓練を重視しているとのことでありました。

ある日のこと、その先生が毛糸で何かをあんでいる職員室に、受持ちの四年生の女の子が二人はいってきました。放課後、しばらくたってからのことです。静かに戸をあけてはいってくると、二人の子どもは、先生の机の前にきて直立不動の姿勢をとり、それから、あらたまって、ていねいなおじぎをいたしました。先生は、キラリとメガネを光らして、軽いえしゃくを返しました。二人のうちのせいの低い子が、

「先生、ソ、ソ、掃除が、デ、デ、できましたから、ミ、ミ、見てください」

とおそるおそる、読本をとぎれとぎれに朗読するようなくちょうでいいました。

するとその先生は、

「もう一度!」

といいました。そのおごそかな声にびくびくしたらしいさっきの女の子は、

「先生、掃除が、で、で、できましたから、見てくだ、ください」

こうくり返しました。

　すると、女の先生は、またまた、

「もう一度！」

といいました。女の子は、すっかりあわてたようでした。すこし、いそぎの調子で、

「先生、掃除が、で、で、で、できましたから、見、見、見て……」

　そのとき、女の先生は、

「もう一度！」

またうながしました。そのとき、いっしょにきた別の女の子が、せのひくい、さっきからの発言者のそでをひいて、しずかに教えました。

「ごらんくださいというんだべ」

　それでようやくわかったもののようでした。

「先生、掃除ができましたから、ゴ、ゴ、ゴ、ごらんください」

と、さっきからの子はいいました。すると、先生は、やっと満足したようにして、

「はい、今いって見ますから、机をきちんと並べておきなさい」

といいました。これで、ようやくホッとしたらしい二人の女の子は、ふたたびキチンとおじぎをして職員室をでてゆきました。でも、その顔は、なんとさびしい顔つきだったことでし

ょうか。

だが、それにしても、この女の先生は、どうして、こうまでも、「ゴランクダサイ」に執着しているのでしょうか。「見てください」が、どうして、そんなにおきらいなんでしょうかしら。子どもたちの胸を、こうもオドオドさせるようにしてまで、「ゴランクグサイ」を強硬に要求するのでしょうか。わたくしには、どうもわからないことでした。

さて、二人の子どもたちが去ってから、七分間近くもたちました。だが、女の先生は、編みものをつづけておりました。見ていたわたくしは、すこしイライラして、「エヘン」とせきばらいをいたしました。

女の先生はようやく立ちあがりました。いかにも、たいぎそうに、職員室を出てゆきました。その女の先生は、ちょうど、そのころニンシンしているのでありました。

自治訓練に力を入れているといわれる先生が、掃除ひとつの成績さえ、子どもたちにまかせられないということのムジュン、これについては、ここにはかきません。ただ「見てくださいい」を「ゴランクダサイ」に訂正させるためにとった、あの執ようで、冷こくな態度に対する反感は、いまだに、わたくしの胸にのこっております。そして、あの先生が「見てくださいい」のコトバによって起こしたらしい胸のムカムカもまた、今では、とうになくしてしまわなければならない、コノマシカラザルモノだと考えられます。

そうして、こういうことについては、わたくしにも、強い反省をさせられた経験があるのです。

あるとき、わたくしが、クラスの一同に、何かを問いかけたときのことでありました。鈴木武という子に、

「ハイ、武」

と指名いたしました。ところで、その武君は、わたくしの質問を、おりあしく聞きおとしたようすだったのです。指をさされると、とっさに、

「ナエダド?」(なんですって?)

と聞きかえしました。

そのブッキラボウな、まるで、投げつけるような声をきいたとき、わたくしの胸はドキドキしました。

ナエダド?

おお、ナエダドとは何事でしょう。いやしくも教師に向かって、このブザマなコトバは、いったいどうしたというのか、もっと何とかいえそうなものではあるまいか、わたくしは、こう考えたのでありました。

でも、わたくしは、はやる胸をじっとおさえて考えました。そうだ、この子どもたちは、こういうコトバしか知らないのだ。「問われたときの聞き返しのしかた」というようなものは、わたくしじしんも、まだ教えてはいなかったのだ。この子どもたちは、友だち同士の間

では、いつも、こういう反問のしかたをしているにちがいない。親たちに対しても、こう言い放っているにちがいない。しかも、そのことは、かれらにとって、いとも平気なことであろう、ごくあたりまえなコトバであろう。こうして、わたくしは、じぶんのいたらなさを反省しました。でも、

「そうか。ナエダドか？　ききおとしたんだな。でも、ナエダドというのは、すこし、先生をしかりつけるみたいなコトバだな。もし、ききおとしたんだったら、そんなときは『何？先生！』といったらいいだろうねえ」

わたくしは、このような妥協にまでしか、持っていくことはできなかったのです。やっぱりまだ、わたくしの胸の底には、こだわらなくてはならないムカムカが存在していたのです。

そのあと、わたくしは、

――「もう一度いってください」

――「何ですか？」

このような聞き返しの使用法を教えました。それで、このお話は終りますが、都会の子どもであったら、

「え？」

ただこれだけで、そのコトバの調子ひとつでわかるだろうことも、農村では、なかなか言いにくいということは、やっぱり注目しなければならないと思います。このコトバのことにか

かずらって、わたくしたちの胸に封建的な感情といったものがわきあがってくるとすれば、いっそう考えなおしてみる必要があると思います。

「耳の上にツノがあるのが牛《うし》で、ツノの下に耳があるのは牛《べこ》たべ。な、みんな」

ある日の理科の時間、わたくしは、じょうだんをいいました。この地方では、牛のことをベコというから、それは同じだということを、からかいながら話し合おうと思ったのです。

すると、はじめは、みんなが、ちょっと戸まどいしたような顔つきをしていましたが、やがて、アハハハハと笑いだしました。そのとき、小林正助が、

「先生あ、バカだな。そんなの同じだべした！」（どちらも同じです）

とさけびました。

ほんとに、バカなわけです。そのとき、わたくしは、先生はバカだといわれても、すこしも腹はたちませんでした。この調子がよいのではないかと思います。

一、二年生ぐらいの子どもは、よく「先生バカだな」というものです。そのときのかれら幼いもののよろこびこそ、教師のよろこびでもあるのではないでしょうか。

5 教師のことばのある類型

もしも、意地悪の録音家がいて、先生のコトバを、こっそりと、そっくりそのまま録音したとすれば、どんなことになるのでしょう。わたくしは、あるとき、こんなことを考えて寒むけをもよおしたことがありました。

——何なにしてはいけません。

——何なにするのはいけないことです。

——それはダメです。

——しなければなりません。

——するものです。

——したらいいでしょう。

——するように注意しなければなりません。

——しなさいよ。

教師のコトバの語尾というものは、どうして、こうも、禁止や覚悟や命令や義務感や道義に関係するもので結ばれるのでしょうかしら……。

あまりにも、芸術性に乏しい、概念のコトバのら列とその終結に、われながら驚ろくということもしばしばありますので、外国映画の画面のすみにかかれる日本語訳のみじかい、気のきいた文章に、思わず心をうたれて、ハッとするというようなこともありました。

　生きた子どもたちと、魂のふれあいをしているところが学校の教室なのですから、どうにかもう少し感動的なコトバのとりかわしを、わたくしたちはできないものでしょうか。このこともまた、わたくしたちの古い型からの解放のため、ぜひ自覚してみたいことだと思われます。


「そうか、こまったなあ」

「………」

「それで、ねえさんはどうしたの?」

「もう、どうしても行かないっていうの」

「どうして、そんなに」

「だって、さっぱり気がきかないとか、ズーズー弁でいけないなんて、ツケツケおこるんだってさ」

「ほう、東京のあのおばさんだって、もともとは、山形の人間だもの、ズーズー弁じゃないのかな」

「そうだけんど、いまは、東京衆《し》になったんだべちゃ」

「そうかな。えらいこと、いうもんだな。ねえさんがかわいそうだな」

「うん」

「なあ、みんな、そうだろ。この前、三郎がかいた綴方には、働く人がいなくてこまってるから、どうかよこしてくれと、なんべんも手紙をかいてよこすから、いったんだとかいてあっただろう」

「んだ、んだ！」

これは、あまり上等な会話ではないかもしれません。

しかし、せっかくいった東京から泣く泣く追いだされてきた姉の上をおもって出した三郎の話題について話しあうには、このような素朴な会話も、かわされたってよいのではないでしょうか。教室では、もう少し芸術的な、劇的なコトバがかわされてもよさそうです。

また、教師のコトバには、よく「だから」とか、「それだから」とか、「そのために」とかいうコトバが出てきます。けれども、よく聞いていると、そのコトバも、どうして「だから」なのか、何のために「そのために」なのか、どうだから「それだから」なのか、よくわからないことが多いようです。

つまり、教師たちが、ほんとうにわかっていて、事実をつみかさねて、「それ故に」というコトバを使用していないようなことさえ多いことに気がつくのです。そのくせ、子どもたちに対してだけは、「もっとはっきりといいなさい」とか、「正直にいいなさい」とか、「どういうわけで、そうなのか、よく考えてからいいなさい」とか、勝手な注文をしているときが多いようです。

「――だから、やっぱり、おとうさんのいうことをよくきくことですね」

こんなもんきり型のことをいったって、父親が「どうしても、わたしとにいさんのことがわからなくて、いつも、むりな事ばかりをいうのです。今朝も、中学校なんかに、行かなくってもいい、おとうさんなんか、小学校の六年生でやめたんだといいました」とうったえている子どもには、少しもピンとこないのではないでしょうか。

これは結局、教師たちの古さになじむ考えが、かれらのコトバをも、何かしら、すなおでない、ゴマカシにみちたものに落しこんでいるからだと思われます。きびしい批判のコトバというものは、使っていけないようにならされてきた、わたくしたち教師のたちおくれは、こういうコトバをつかうときにさえ、微妙な暗さとぐうたらさを、ともなわせるようになっているのでしょう。

「よその人がどういうだろうなんて、そんなことを心配せずに、どしどし自分のいけんをいうものです」

「心配することなどはいりません。思いきって、勇気をだしていいなさい。さあ、意見のある人はいってください」

どれも結構なオコトバです。なかなか、まことしやかないいぐさです。

しかしながら、そういった当の先生本人が、職員会議や批評会などの場あいには、どうでしょうか。

こんなすばらしいことをいう若い先生がありました。

「円熟した先生の御教授ぶりを拝観（？）したいと思いまして、急ぎ足にろう下をわたっていきましたが、たいへん結構な御授業で、児童たちも活発に活動しておりましたし、何も御批評を申しあげるようなことはありません」

これは研究授業のあとの批判会のときのことでありました。なんという自己封鎖のコトバでしょう。また、

「ありがとうございました。何もありません」

「たいへん結構だと思いました。何もありません」

「ほかの先生がおっしゃったのと同じです。ほかには、とりたてて何もありません。ありがとうございました」

右へならえをしたようなコトバ、コトバ、コトバの連続です。

「どうです。このことについて、御意見のあるかたはございませんか」（校長のコトバ、一同無言……）

「では、わたしがおつたえしましたように決まったことにいたしまして、次は……」（校長、教育庁よりの書類をめくる。一同無言のままうなずく……）

これは職員会議の風景です。

ところで、この「右へならえ」と「一同無言」の先生がたが、次の朝の教室では、子どもの前に、どうおっしゃっているのでしょうか。

――何事についても、じぶんの考えをもつことが大切です。

――自分の頭で考えることが大切です。

――そして、考えたことは、えんりょなく、なんでも、ハキハキといいだすことが大切です。

――これからの人間は、人前で、じぶんの考えをいうくせをつけなければなりません。

――こういったら、人びとがこういうだろう。そんなことを、くよくよと心配することはいりません。

ああ、教師のコトバというものは、なんと便利なコトバでしょう。

「コトバは道具」説も、ここにいたれば、きわまったとでも評すべきでしょうか。

6 女の先生につらくあたるページ

おゆるしください。でも、わたくしは、あなたがた、女の先生を擁護したいのです。

ちかごろ、「女教師なるがゆえの雑務反対！」というさけびが、ぐんぐんもりあがっているようです。このさけびの最初ののろしは、わたくしの生まれた故郷である山形県あたりからあがったらしいということも、なかなかよろこばしいことだと思います。山形県というところは、上の意こうには、たちまち、下これにならうという風潮の強いところですから、きっとまた、このごろの復古的うごきが、女教師のみなさんを昔ながらの、しおらしい雑務の担当者に追いこもうとしているのかもしれません。

「女教員なるがゆえの雑務」とは、やっぱり、お茶くみとか、お客へのゾウリ出しとか、酒もりのごちそうつくりとか、おしゃく役とか、給食準備への度を越えた動員とか、校長室のお花のしつらえとか、そんなことをいうのでしょうか。

それならば、わたくしも、こういうことのひどすぎる義務づけには、まったく反対です。

「女の先生がた、もうおそくなりますから、先に、それ、そのウドンでも食べてお帰りください。その前に、みんなに一ぱい、おしゃくをして」

いいかげんなころに、校長あるいは男の老教師が、こういいだすのがいつものきまりでした。すると、女の先生たちは、

「はい」

めいめいが、ひとめぐりずつ、おしゃくをして、ツオロツオロ、ツオロツオロ、うどんをすすって、

「お先に失礼いたします」

ホッとしたように帰っていくのでありました。

さて、こういう例は、よその学校には、そうたくさんはないだろうと思いますが、その帰りまぎわに、飲みすけの先生がいいだしました。

「すこしばかり、オサイセンをおいて行きなさい」

お茶盆が女の先生たちの前に出されました。チャリソ、チャリソ、十銭玉を機枚かずつ、しかたがないという顔つきで、彼女たちは、お盆に投げこんで行きました。この金は、ふたたび酒の追加となり、酒宴はいっそうはなやかになっていくのでした。やがて酒神たちは、くどい話を、下へ下へともっていき、エヘラエヘラと笑いくずれていくのでした。

二十年前のこういうことを知っているわたくしには、「女教員なるがゆえの雑務反対！」というときの「雑務」の中には、こんなものまでも入れて読む能力（?）があるのです。まして、校庭で待っている子どもたちと手をとって遊びまわりたいのに、お茶くみをしなければならないかなしさなどは……。

けれども、わたくしは、今ここで、女教師のみなさんに、こういうことを質問したいと思います。

あなたは、お茶くみや酒もりの準備をするよりは、学校の掲示板に、「今週の話題」とか、ニュースとかをかくことが、おっくうだというようなことはありませんか。そういうものを、あっさりと、いそいそとして書きつけるという積極的な行動ができますか。

「あたし、とてもかけないのよ。ね、先生、かわって書いてくれない?」

男の先生に、こんなことをいって、たのみこむということをしてはおりませんか。

また、職員室のなかの話しあいや会議のときに、どしどしと、じぶんの意見を出しあって、男の先生たちと同等に、討論するというような勇気をおもちですか。

なにかの帳ぼの表紙をかくときに、

「あたし、こんなの、とってもかけないのよ。ね、先生かいてくださいよ」

すっかり字をかく勇気を失なって、男の先生にしだれかかるというような例はありませんか。

学校新聞の豆記者たちから、

「進藤先生、今週は、先生に何かオコトバをかいていただきたいと思います」

こうたのまれて、すっかり戸まどいして、

「あーら、こまったわ。あたしかけないわ。こんなの、だれか男の先生におたのみすればいいのに……」

赤くなったり、青くなったりして、生徒の前にしりごみするというようなことはありませんか。

教室にかかげる「学級生活訓」のコトバを三粒、四粒かくのにさえ、男の先生の手をわずらわすというような弱味を見せるということはありませんか。

あとのことはあげますまい。あらましいって、このような小さなことがらにも、われみずから「女は無能力者」的卑下を告白し、ばくろしていることはありませんか。

昔の女の先生が、えてして、こうであったと同じように、今の女の先生も、こうであるとすれば、そのような「無能力」の代償として、「お茶くみぐらい」はしなければならないとの当然の義務のようなものを、われみずからつくるということにはならないでしょうか。

正直のところ、わたくしは、このことを心配せずにはいられません。

学校に青ウメをもってきてたべてはいけない——ということで、その朝、一せいに子どもたちからとりあげた青梅を、ある女の先生が、こっそり、じぶんのふところに入れて、放課後の教室で食べていた。それはその女の先生がニンシンしていたからなのだった。こういうことは、生理的現象のせいですから、べつにとがめるほどのヤボさかげんは、わたくしももちません。けれども、一方で雑務反対をさけんでいても、他方では、その雑務以外に、頼めそうなことはないようだとの印象を与えたのでは、どうにもしようがないのではないかと思われます。

わたくしは、女の先生も、また（こういうのをおゆるしください）学校の子どもたち一同の前にたって、堂々とおはなしができ、校庭のすみにある黒板には「今週のニュース」もすらりとかきつけ、あけ放たれた職員室では、男の先生たちに伍してはげしい討論ができ、ある女の先生の提案が、学校の行事を、いともりっぱな方向にもっていったということを子どもたちにも示してやれるような具体的成果をあげ、そして、子どもたちからは、

「学校というところだけあって、ここでは、男の先生も、女の先生も、自由に平等にしゃべっている」

「学校というところだけあって、男の先生と女の先生が議論ができる」

「学校というところだけあって、女の先生の提案さえもが、全体の活動をゆりうごかしてゆける」

「学校というところだけあって、男の先生と女の先生が、肩をならべて談笑して歩くことができる」

「学校というところだけあって、女の先生も、男の先生と同じような積極的行動性を発揮している」

このように感受される状態になってほしいと思うのです。

それが、そうではなくて、

「女の先生もやっぱり、お茶くみや、校長先生の机のそうじぐらいしかできないんだな」

「お客さまがくると、ぞうりだしぐらいしかできないんだな」

「ろくに意見もいえなくていいるんだな」

「つまり、ぼくらの家のおかあさんやねえさんとかわりはないいんだな」

「学校というところも、わたしたちの家と同じなんだな」

というような印象を与えるとすれば、なんという残念なことでしょう。これでは、いくら学校は近代的な人間をつくるところだとか、いや、それをもっとのりこえた二十世紀的人間をつくるところだとかいったって、すこしも、コトバどおりには受けとられないことになるでしょう。

ある日、校長先生が壇にあがって、

「みなさん、この学校では、こんどから、こういうおもしろいことをするようにきまりました。このはなしは、佐藤ゆり子先生が、職員会に出しまして、それを先生がみんなで相談した結果、ぜひやろうということになったのです。学校委員のみなさんにも相談したら、それはいいということになりました」

もしもこういう発表が、みんなの前でなされるとすれば、子どもたちに対する影響はどんなものでしょうか。

学校というところは、やっぱりちがうんだな、女の先生の意見さえが、こんなにみんなをうごかしていくしくみになっているんだな、ということになったら、それは何という明るく、しかも前進的な話でしょう。こういう実物教訓があるときにこそ、子どもたちは、社会における女性の位置とその役割、いまの町や村やそれぞれの家庭においておかれている婦人の地位というものに、なにがしかの批判と反省をおこなう力を身につけていくことができるでしよう。

女の先生というものは、そのような大きな教育的役割をになっている存在だとおもいます。ですから「女教師になるが故の雑務反対！」をいうときには、その雑務以上に、わたくしたちは、なすべきしごとがあるのだということを、じっくり考えていただきたいと思います。

これこそ、女の先生たちの自己変革へのてっとりばやい出発だと思われます。

7 ひとりの人間・一市民

こうして、わたくしたちは、子どもには、相手がどんなに幼くても、それをひとりの人間・一市民としてあつかう態度をもつように、教師であるあなた自身は、ひとりの人間であり、一市民であることのほこりをもち、ひとりの人間・一市民であることの権利を高くかかげ、その身体的・精神的自由を追求し、それを保持するように努力しなければなりません。

つまり、子どもをひくつにしてはいけないし、また自分もひくつになってはいけない、子どもを、じぶんの目で見、じぶんのコトバで自由に意見をいい、自分の頭で考え、自分の判断にもとづいて行動する人間に育てなければならないのなら、このしごとに従事する教師自身も、そうでなくてはいけない——こういうことになります。

かんたんにいえば、あなたは、子どもがあなたの前にシッポをふってくるように教育してはいけない、同様に、あなたは、校長や指導主事や村の有力者の前に、シッポをふるべきではないというのです。コトバだけは美しい、子どもを一人の人間としてあつかう「児童憲章」が必要なら、先生を一市民としてあつかう「教師憲章」も必要だということになります。教師の人間を変革するための、ひとつの土台はここにあるのでした。長い間、ひくつな境遇に涙をたたえてきた教師たちの自己成長はここから出発していくことでしょう。

それなのに、指導主事のくる日は、

「いつも、きょうみたいだといいねえ」

と、子どもたちすらつぶやくほどに、やさしかった（?）先生が、翌日は、子どもに、

「やっぱり同じだねえ……」

こうなってはおしまいです。この術を子どももおぼえてしまいます。「これが世の中だ！」、という気持をもたせてしまいます。

といって、指導主事のきた日も、

「おこりっぽい先生よ。ジャンジャンおこりたまえ」

こんなことをいうわけではありません。せめてあなたが、ふだんの日は、子どもたちの名を、

「カズオ！」

「ユキ子！」

と呼びすてにしているのなら、その日だけは、

「カズオ君」

「ユキ子さん」

こんなネコなで声をだして、子どもたちをびっくりさせてくれるなというわけです。やっぱり、

「カズオ！」

「ユキ子！」

でよろしいというわけです。いつもは、春の山のなだれのあとみたいな、殺風景なおけしょうをしている女の先生が、その日だけは、一面銀世界、とくに鼻の山のみねには深雪がたまっている、こんな異様なおけしょうをしてきて、子どもたちを、戸まどいさせてはならないというわけです。ひとりの人間・一市民が、こう変わるようでは困ったものだというわけです。誠実さが必要です。ことに、今の日本では「勇気」が必要です。

そういう点では、わたくしも、その勇気にとぼしかったと思います。

生活綴方・生活教育の運動が、ようやく当局から圧迫されはじめたころのことでありました。

ある日、校長が、わたくしを近くの温泉旅館の一室によびました。行ってみると、担当視学がきていました。近所の学校を視察にきて宿泊していたのでしょう。校長は、わたくしに、

「視学さんといっしょに、一ふろあびてきなさい」

といいました。

いっしょに浴室にはいっている間、わたくしは、視学のせなかを流してやりませんでした。流してやる気にはなれなかったからです。生活教育運動の友だちが、よそからきて、この温泉に案内するときは、いつも、せなかの流しあいをしたものです。「一太郎から、せなかを流してもらったよ」ということは、その友の手紙で、みんなのあいだにつたわりました。

さて、視学は、とつぜん、いいだしました。

「湯の浜温泉の近所にいる、○○君、あれは、君と同級じゃなかったかね」

「そうです」

「あの○○君が、この前、湯の浜温泉にいったとき、ぼくのせなかを流してくれてね……」

わたくし、かけられたナゾに、むっと腹がたちました。ますます、えこじになって、

――それでは私も。

とはいいませんでした。

わたくしは、「お先に」と浴室を出てきました。へやに帰ると、校長が、こっそりたずねました。

「視学さんのせなかを流してあげただろうね?」

「いいえ」

校長はあおくなりました。視学が帰ってきて、お酒とごはんが出ました。

「国分君は気がきかなくて」

と校長はべんかいしました。視学が、

「いや、気がつきますよ。いつか見せてもらった授業など、子どものことに、よく気がつく
と思いました。けれど……」

そこへ、女中がスズリ箱と紙をもってきました。視学が、

「国分君。これに、一さつかいてくださいよ」

といいました。

「なんですか?」

「日本精神に反する国語教育研究は、以後一切やらないと」

わたくしは、「きたな!」と思いました。この視学は「子どもの解放」ではなくて「子どもへの統制」だという意味のことを、「小異をすてて大同につく」ということを、しきりに演説して歩く人でした。わたくしは返事をしませんでした。校長が間をとりなして、

「なんとか、ひとつかきなさい」といいました。

わたくしは、筆をもたされました。

「念書——でよかろう」と校長がいいました。

――念書。私儀、友人村山俊太郎ラト山形国語日曜会ヲ組織シ、国語教育、教育一般ニツイテノ研究ヲ続ケ居ルコトニ関シ、何ラヤマシキ事ナケレド……。

ここまで書いたときでした。

「だめだ！」

視学は、その紙をとって、ピリッと破りすてました。わたくしは沈黙のままでした。もっとジャンジャン議論をふっかける気になれないのでした。勇気がないのでした。校長がまたとりなしました。わたくしは、なおもだまりこみました。

「それでは、ぼくから注意を受けたことがあるという証こがあればよいのだから、何とでもかきなさい」

といいました。つまり自分が監督不行届の責任を問われたとき、監督しているという証明さえできればよいというわけで。そこで、めんどうくさくなったわたくしはかきました。

――念書。私儀、×月×日、視学殿ヨリ、私儀ラノ国語教育研究ニ関シテ、御懇篤ナル御指導ヲ賜ハリ感謝仕リ候……。

いま思えば、なんという勇気に乏しかったことでしょう。

ひとりの人間・一市民として、わたくしは、もっと、もっと、この視学と、国語教育についての自由な討論をしなければいけなかったのだと思うのです。

ここには、官僚や上役に対する場あいの例だけをだしました。それは、さいきんのように教育委員会制度になってからも、この官僚主義が消え去らず、このごろでは、むしろ、それがはげしくなり、ふたたび、一市民としての教師の自由さえもおびやかされつつあるからです。

ひとの子の師であるものは、真理に根ざしてたじろがない、一市民の自由をもつべきです。ひとりの人間としてのかけがえのない価値を、あくまでまもりぬくべきでしょう。わたくしは、わたくしのかつての弱さを告白して、あなたに、このことを訴えます。

8 歴史をつくるものとして

I

ところで、子どもをひとりの人間・一市民としてあつかうことも、教師じしんが、ひとりの人間・一市民であることも、じつは、だんだんむずかしくなりました。

日本が戦争にやぶれて、しばらくのあいだは、反軍国主義の気分と民主主義の精神が大切にされて、そのような自由なフンイキも作られるかに見えましたが、いまは、そうではありません。

もういちど平和と民主主義が大切にされる世の中をつくらなければ、そういうことは不可能に近いということが、もうわかりかけてきたのです。日本民族の独立がなければ、ひとりの市民が、自由な意見をいうことさえできなくなったという状態が、わたくしたちの前に出てきているのです。

美しいコトバで、すべての自由は保証されておりますが、それを実現する方法は保証されておりません。児童憲章もそうです。義務教育もそうです。言論の自由もそうです。労働者の団結権もそうです。国民の最低生活もそうです。教育の自由さえそうです。そして根本的には、人類の平和に対する切なる願いでさえ、おびやかされようとしているありさまです。

それでは、これは、どこからくるものでしょうか？

ちょっとまわり道をして考えてみましょう。憲法にもうたわれている「幸福追求の自由」が、この人間生活の根本のものが、ある少数の人びとにはゆるされているのに、一方の多数の人びとには許されていないという社会的な事実と、ムジュン、この根本のものは、もちろん横たわっています。そこから「幸福追求のしかた」に「古いしかた」と「新しいしかた」が出てきてしまっています。そして、この「古いしかた」の方が、いまでも、われわれの政治をうごかしていく権力をにぎっている、ということ、これは事実です。日本が資本主義の国だからです。

幸福追求の自由とは、人類が平和な中で、衣食住をはじめとする生活水準を、つぎつぎと高めていきたい、同時に人間の人間らしさを示す文化的水準を高めていきたいという絶えざる欲求をすることとの自由です。かんたんにいえば、「貧乏」というものを、みんなの家、すべての国ぐにからなくすことです。貧乏をなくし、非文化的状態をなくして、すべての人がゆかいな生活、文化的な生活をたのしめるようにすることです。

ところがどうでしょう。わたくしたちのまわりには、「貧乏」がのさばりかえっているのです。非文化の状態がこびりついているのです。そのために、貧しい人たちの前だけは、あらゆる自由がダメになっているのです。これはどうしてなのでしょうか？　幸福追求の古いやりかた――お金を持っている人びとだけが、生産手段（工場や機械など）をもち、それをもたない働くものをやとって利益をあげていくという経済的なしくみが、わたくしたちの日本では、いまだ通用されているからです。このやりかたは、一方の極に富を、一方の極に貧乏をつくりあげていくものだということは、社会科学的にもハッキリさせられておりますのに、それをまもりぬこうとする物質的な力が、すべての政治や法律をうごかしておりますので、すべての人びとの幸福追求の自由を保証することはできません。

これに対して、幸福追求の新しい方法――生産手段をすべてのものの共有にして、すべてのものが、その能力に応じて、みずからすすんで働き、その果実のわけまえが、働きさえすればだれにでも、たしかにかえってくるという経済的なしくみが実験され、めざましい成果をあげております。ここからは、貧乏というものが、だんだんと消え失せていくでしょう。げんに消えさりつつあるとつたえられています。したがって、生活水準は高まっていき、文化的水準も上昇します。この二つの考え方は、世界を二つの世界にわけてしまったといわれておりますし、まだ古い方法に支配されている一国の中では、資本家階級と労働者階級のあいだで、たえまない争いがつづいております。

しかし、この二つの「幸福追求の方法」のどれがすぐれており、どれがおとっているかということは、この二つの方法の自由競争によってきめなければなりません。目に見え、からだに感ずることのできる事実を示すことによって、そのどれをえらぶかを、多くの民衆自身に決めさせなければならないものです。国際的にいっても、ある一国が、資本主義体制をえらぶか社会主義体制をえらぶかということは、その国の国民が自主的に決定するものです。新しい幸福追求のし方を追求するその国の労働者階級が、ほんとうに、その国の一般の勤労者・農民をなっとくさせることができ、それらの人びとを、じぶんの側に結合することができるならば、その政治勢力は大きくなり、その国の体制は、やがて社会主義の方に向かうでしょう。だから、たとい世界の一方に社会主義の国ぐにがあったとしても、それらの国ぐには、他国に、社会主義の方式を輸出することはできません。「革命は輸出することができない」といわれるのはこのことです。

では、自由な競争で決めていくには、どうしたらいいでしょうか。永続する平和な状態をもちきたすことです。その平和な状態のなかで、二つの体制が、それぞれおのれのよさを示しあうことです。国内的には、政治的見解をたたかいあわすことです。つまり戦争によって、このどちらの体制がよいかを決定するような方法をとってはならないのです。「二つの体制は共存できる」というのがそれです。二つの体制は共存しつつ、おたがいに交わりをむすびながら、おたがいの優劣を競争しあえばよいのです。その競争で、優劣をきめるものさしは、多くの国民が「たのしく生きることができるか?」「幸福に生活水準と文化水準を高めていけるか?」なのですから……。

ところが、どうでしょう。この方法を認めないものが出てきているのです。それは、アメリカ政府をつくっているごく少数の資本家階級です。いまは帝国主義者たちとよばれておりますが、この人たちは、戦争という方法で、「古い幸福追求のし方」をまもり、「新しい幸福追求のし方」をぶっつぶそうとしているのです。また「新しい幸福追求のし方」に目をひらいた人びとのいる国を、そうでない国にしようとするのです。ここから「戦争」への恐怖と、他国への「干渉」が出てきます。

わたくしたちの日本の政府や古い支配者たちが、しだいにアメリカの戦争政策の方向にひきずられ、再軍備をやろうとしたり、軍国主義を復活しようとしたりしているのもそのためです。民主主義と自由を国民からうばいとりはじめているのもそのためです。

これにたいして、わたくしたちは、すべての問題は、平和な状態のなかで解決しよう、戦争にうったえることはやめよう、話しあいで国際間の緊張をときほぐそうとさけんでおります。ましてや原爆や水爆のような大量殺人兵器ができている現在では、いっそう戦争はやめてもらおうとさけんでいます。戦争へ戦争へと進むような軍事基地貸与や軍隊つくりはやめようとさけんでいます。他国の帝国主義と手を結んだりするものがなければ、われわれの民族の独立もとりもどせるのだと民族解放の声をあげております。そして、世界のすべての国国と友好関係をむすぼうとさけんでおります。いまでは、労働者階級ばかりでなく、資本主義体制をよいものとする人たちまでが、平和を欲し、話しあいによって戦争が起こるのをふせごうとさけんでいます。これは、こんど戦争が起こったら人類は破めつするということをよく知っているからです。人類が破めつしてしまったら、どこに、社会主義がよいか？　資本主義がよいか？　などの問題が残るでしょうか。のこりません。

それゆえ、いま一番必要なことは、平和をみんなのものにすることです。平和な状態を世界のものにすることです。ところが、アメリカの少数の人びとや日本の政府などは「平和」を口にするものを「アカだ」というようになりました。古い考え方を大切にしだして民主主義や自由をさけぶ人びとをもけしからんとでもいいたげになりました。——一市民としての自由さえもが圧迫されはじめたというのはこのことです。

こういうときに、教師という人びとは、どんな役割をはたすべきものでしょうか？

このような間にあって、公立学校の教師のしごとというものは、きわめて微妙なものであります。公務員であるという立場からいえば、「古い幸福追求のしかた」を大切にする側について教育というしごとをしなければならないような気持にかられるときもありましょう。もし、それをしなければ、あるいは職場から追いだされるのではないかとの心配も頭にうかんでくるでしょう。

ところが、その学校に子どもをよこしている親たちの大部分は、大金持ちでも、生産手段の所有者でもありません。肉体や精神の労働によって、パンを得ている人びとですから、意識的にか、無意識的にか「新しい幸福追求のしかた」の方に心をひかれています。あるいは、そういうしかたを知らないまでも、いまの生活に不満を感じています。だから、子どもたちには、ほんとうのことを教えてもらいたい、わが子たちをかしこいものにしてもらいたい、と願っています。学校に期待をかけるのもそのことです。とすると、良心的な教師たちは、ほんとうのことを教えたい、道理にかなったものを教えたい、いままでに作りあげられた科学（学問）の上からいって、真理とされているものを教えなければならないと思います。当然「新しい幸福追求のしかた」の側に益するような教育をしなくては、子どもを学校によこしている親たち大衆にたいして、申しわけないとの気持を起こすのです。そしてまた、少なくとも、そういう「新しい幸福追求のしかた」が存在することを、「古い幸福追求のしかた」が生み出しているムジュン、問題を直視させながら、教えていかなければならない、自覚させなければいけないというようになるのです。そのためになる生活の見かた、考えかたの土台をも、身につけさせたいと思います。それが教師としての責任感でありましょう。

そしてまた、教師である人間自身の立場からいっても、このことは同じです。教師となって、知識人として、人の子にものを教えるしごとをしているからには、3＋2は6と教えることはできません。それ以上に、真実でないものを真実だと教えることはできません。良心にはじるからです。教師たるものの生命であるヒューマニズムに反するからです。したがって、人類の幸福追求の歴史をかえりみるならば、「古い幸福追求のしかた」はやがて亡びるものであり、「新しい幸福追求のしかた」こそ、ゆく先に光明のあるものであること――を、次の時代をになう子どもたちには、さとらせていきたいものだと思うようになるのが当然です。時代の足音の前に子どもの耳をふさぐことはできませんし……。

さらにまた、教育者というものがインテリゲンチャであるとともに、他の労働者とは、しごとの上でかなりなちがいはあるにせよ、労働者であることを思えば、労働者階級が、もっとも熱心に希望する「新しい幸福追求のしかた」こそ、自分じしんのものであるはずだと思うわけです。そして、ますます、人間の生活水準を高めるための考えかたが、真理として通用する新しい社会をつくらなければならないと思うでしょう。そのためには、平和擁護・戦争反対の事業に積極性を示すことにもなるのです。日本教職員組合が、平和のためのたたかいに熱意を示すのは、「教育とは平和の事業である」「ふたたび教え子を戦場に出すな」という、すなおな気持からも出ていることでしょうが、よりいっそうの根拠は、じぶんたちが労働者であり、戦争によっては、一文の得をもふところにできない身の上であることに発しているのだと思います。

こう考えてきますと、教師のしごとというものは、政治的権力の召使であれと期待されながらも、主体的には、現存の政治権力を批判する立場にあるもののしごとであることが、ハッキリします。とすれば、これは大きな矛盾です。少なくとも、現在の日本に生きる教師にとっては、大きな矛盾です。

それでは、現場の教師であるあなたは、これをどう克服したらよいのでしょうか。よけて通るか、調和させてごまかすか、のりこえるか、これ以外にはありません。わたくしは、それをのりこえるべきだと思います。今日の「教師の倫理」はここから生まれます。

では、どうしてのりこえるのでしょうか?　一つは多くの大衆の希望にきいて確信をもつということです。いまや多くの大衆は「新しい幸福追求のしかた」を求めているのです。二つには、学問の真実につくということです。学問の示すところにしたがえば、存在する二つの「幸福追求のしかた」のうち、古い方はますます人びとを不幸におとしいれ、新しい方は人びとを、ますます幸福にみちびくものであることがはっきりしています。しかも、そのことは、子どもたちに性急な結論を与えることがなくても、現実を直視させさえすれば、確実にさとらせることができるという性格のものです。三つには、教師をふくめて、多くの労働者や働く人たち、これからの子どもたちこそ、新しい歴史をつくっていくものだとの自覚に立つことです。

こういう考えかたにたつまでには、教師として、敢然たる自己変革が必要です。いや自己変革への悩みを感じつつ、静かにしかし確実に、その大業をなしとげなければなりません。困難な道ですが、自分が変わることによってのみ、子どもたちの気持を変革してゆく力が出てくるのです。

そのためのしごとのしかたとしては、性急なやりかたであってはいけません。じっくりおちついて、すばらしい創意性（！）を発揮しつつ、はっきりした方向に目を向けさせていくことが大切です。新しい歴史は、地球の上に作られているのですから、そのことを参考資料にとることもできます。しかし、日本の場合には、できている新しい社会に人間をひき入れてゆき、その中で新しい人間にきたえていくというのではありません。「新しい幸福追求」のしかたがなされる社会はつくることぶできること、それをつくるものは、古い社会を批判し、その支配的権力とたたかう人間の実践であること、それをつくるには具体的にどうしたらよいのか、そういうことについて、基礎の基礎から教えていくことが大切です。政治教育というのも、そのことです。科学的におこなうのです。かくて歴史を一歩前進させる立場にたつとき、新しい教師への変革は可能となるでしょう。

　だから、教えるものの自己変革は、こんにちずっと先にのべたような封建性からの脱皮だけではもはや不十分になりました。あらゆる自由（ひとりの人間・一市民としての自由）が圧迫されようとしている社会的現実に立って、つまり資本主義社会体制から社会主義社会体制への過渡期に立って、わが日本民族の独立と人類の平和と、最大多数の人びとの生活水準の向上、文化的水準の昂揚を実現させるような世界観を身につけることが必要になったのです。せまくるしい民族主義ではなく、全世界の「新しい幸福追求のしかた」を、すでにさがしだし、あるいはさがし求めている人びとと、手をとり力をあわせながら、みずからの民族の運命をきりひらく、という考えかたの持ち主になることが必要になったのです。

　そして、こういう考え方をもった人間が今しなければならない一番大きなしごとは何であるかを考えることのできる人になることです。今しなければならない一番大きな仕事、それは平和を守るというしごとです。そして、これは何と、「国民に直接責任を負うという」原則に立って、平和憲法や教育基本法にかかげてある「平和教育」の精神に合致するものではありませんか。

　いまや全世界の「新しい幸福追及のしかた」を実現しようとする人びとは、人類の生存をすらさまたげるものが、戦争のおそれであることを見ぬいて、「平和ははなしあいで」といい、すべての人びとが、政治的・宗教的信念のいかんをのりこえて、「戦争反対」の善意を行動にあらわせとよびかけています。「ひとの生命を大切にしたい」と思うほどの人は、平和の事業に力をつくせとよびかけています。「ベルリン・アッピール」に発した五大国平和協定へのよびかけも、このあらわれです。この平和協定とは、日本の子どもたちが、ごく自然な気持でいっている、

「アメリカとロシヤとイギリスと新中国とフランスが仲よくすればいいのじゃないか？」

こういうコトバと、まったく一致するものなのです。もし、このねがいがききとどけられるなら、日本の独立も保証され、世界各国との友好も可能ならしめるものなのです。二つの「幸福追求のしかた」の共存を肯定して、そのあとは、諸民族の歴史的歩みのうちに、幸福な人類社会をつくりあげようという考えかたなのです。日本のすべての教師は、こういうゆとりのある考えかたにも目をつけなければならないでしょう。

ですから、たいへん本気になって考えたすえでのわたくしたちのしごとは、平和と真実と民主主義を追求させる教育に力を入れることだということになりました。生命の維持と生活水準の向上に理想をもやしてやることだということになります。

第4章

生きた社会においたつもののために

1 小さな旅人

わたくしは、よくこういうことをいうのです。

「親たちが、かわいい子どもを、学校に出してよこすのは、小さい旅に出してよこすことだ」と。

その旅は、ほんとうに小さな旅なのです。朝だしてやれば、おそくても夕方までには、家に帰ってくるような旅なのです。けれども、親や子どもにとってみれば、やっぱり旅なのです。かわいい子には旅をさせろ。せまい家庭という集団から、やや広い社会に、修業によこすのです。いそがしい親たちにしてみれば、毎日の生活の苦労で、頭の中がいっぱいです。どうして、じぶんの子どもを、じぶんの家で教育することができましょうか。だから、学校教育法とか、義務教育制度などが、あるなしにかかわらず、親たちは、学校へよこすのです。中学校になれば、家の生業のために、やむをえず学校を休ませてしまうとか、小学生でさえ、内職のために休ませてしまうという悲しいことはあるにしても、たいていの親は、わが子を学校に旅だたしてよこすのです。それは、

「じぶんたちはいそがしい。子どもを教育するひまなどはありはしない」

「じぶんたちのいうことなどはききはしない。先生のいうことならきくだろう」

「じぶんたちは教えることはできない。学校には、先生というものがいてくれる」

こういう心持から出ていることでありましょう。しかし、やっぱり学校というところは、じぶんの子どもと同じような旅人がいるところだ、その同じ旅人のいるところなら、わが子もじっとおちついて、勉強してくれるにちがいない——こういう気持があるだろうことも察せられます。

そして、学校とは、やっぱり、そういうところでなければなりますまい。この小さな旅人たちの教師である人びとは、この旅先を、たとい、ひろい世間とくらべては、やっぱりせまい社会であるにしても、生き生きしたフンイキの社会につくりあげなければなりません。

父と母の子である旅人を、ここでは旅人同士、友人同士として、平等に、横のつながりで、迎えるようにしなければなりません。ひとりひとりの独立した人間として、むかえなければなりません。

そして、そのさい、この旅人たちが、千差万別の家から旅に出てきているということは、教育の上に、大きく生かされなければならないと思うのです。生きた社会においたつためには、そういう個々バラバラな家庭環境にありながらも、なにかしら、ひとつの大きな社会の中に、じぶんたちは生きているのだということを、知らず知らずのうちにさとらせることが大切です。

つまり、個々バラバラな家庭からきているということは、

(1)さまざまな生活の姿をだしあうことができる。
(2)しかしながら、そこには、どこの家にも通ずる、世の中に生きるものの共通問題がある。
これをあきらかにし、さとらせることができるのです。そして、一つの教室にあつまることができたということは、
(1)みんなが、かしこくなりたいと思ってやってきている。
(2)みんなが、仲よくして、かしこくなっていく道をさがし求めようと思っている。
(3)同じ日本の子どもとして、共通の課題をになっていることを自覚させることができる。
このようなことへの自覚をうながすことができ、他人を、ひとりの人間として、大切にする気持も育てていくことができるはずです。

わたくしたちは、この小さな旅人たちを、めいめいの家庭の匂いをさらけださせながら、しかも、ひとつの共通な道へみちびいていくしごと、

——ひねくれもせず、

——いじけもせず、

——ほこりもせず、

——たかぶりもせず、

——同じ人間としてののぞみを、

——手をとりあって求めていく。

そういう真実な事業に対する努力をしなければならないと思うのです。そうしなくては、現実の教育はなりたたないにちがいありません。

金持の子も貧乏人の子も平気で手をつないで遊ぶことができる。顔のゆがんだハナたれの子も、きれいなオカッパ頭の子も、肩をならべて、先生のはなしをきける。重役の子も労働者の子も、対等に、平気に、君・僕とはなしあい、あなた・わたしと呼びあうことができる、元地主あるいは富農の子も、元小作あるいは貧農の子も、ゆずることなく、はげしい討論をかわすことができる——そのようなところこそ、教室であるようにしなければならないと思うのです。どんなに小さい旅であろうとも、旅先に出てすら、じぶんの家のありさまが、一方をたかぶらせ、一方をひくつにしてしまうなら、それは何という悲しい旅でしょう。

「おれのうちだって、この柱のこれぐらいはだしているな」

「おれのうちだって、そうだよ」

新しい学校が立ったとき、新しい柱のわきに立って、二人の子どもが語りあっているのを、きいたことがあります。家々でおさめた税金が、こういう学校建設の費用になるのだからと、かれらは思っているのでした。そして、そのことは真理であるのです。税金の多い少ないが、ここでは問題になっていないのです。とにかく、「税金というものは、こんなことに使われる」ということを自覚しだしたというわけです。

大地主の家の同じ四年生のきれいな娘と、仲がよいとか、いっしょに寝たとか、友だちから悪口され、からかわれて、プンプンおこっている四年生の男の子がありました。しかも彼は小作人の家の子どもでした。けれども、そのいかりぶりは、まことに気持のよいものでした。もしも、分別くさいおとなだったら、

「あの雪ちゃんと、おれとが仲よくなってるなんて、考えてもごらん、あの地主の娘が、どうして、おれなんかを相手にしてくれますかい」

「ばかも、やすみやすみいいなさい、まさに、ちょうちんに、つりがねじゃないですか」

きまって、こんなコトバをはくことでしょう。ところで、その四年生の男の子は、けっしてそんなことはいわないのです。

――けっして、そんなことはない！

と、むきになっておこっておりますが、ひとことといえども、

――そんなはずがありうるはずはないじゃないか！

とはいわなかったのです。わたくしは、それをきいて、子どもたち同士の対等感に、すっかり心をうたれたものでした。

わたくしたちの教室も、そういうところにしたいと思うのです。そういう筋がピンとはいっている教室で、

「おれの家で、お寺の鐘作りに千円寄付した」

「おらのうちでは三百円だ」

「どうして、三百円しかださないの？」

「きまっていんべ。貧乏だからよ」

「どうしてそんなに貧乏なんだ？」

「子どもがウヨウヨいるからよ」

「子どもがウヨウヨいると、なぜ貧乏だ？」

「着物も買うべし、食うものたくさんいるべし、学校の給食代だって、うんと要るべ」

「うんと金とったらいいべ」

「お父《と》ーひとりで、そんなに金はとれないべ」

「そうかな」

「んだや。ほんだら（それなら）お前の家で、なぜ、そんなに千円だした？」

「材木屋しているからよ」

「どうして材木屋だと、そんなに金持になれるんだ？」

「家たてる人が材木要るからよ」

「その材木、どこからもってきて売る」

「おらの家の山から切ってくる」

「どうして、お前のうちに、山あるんだんべ」

「昔からあったんだ」

「みんなの地球だのに、みんなの日本だのに、どうして、おれの山だの、あいつの山だのと、わかれたんべ」

「おら知らね」

「おらもわからね」

「んだな」

「んだな」

もしも、このような会話がかわされるとすれば、それはおもしろいことだと思われます。この会話が、二人の旅人たちの旅先からみやげばなしになって、家庭につたえられるなら、たとい家の人が、

「なに、ばかなことしゃべっているんだ」

「こんどから、そんなことしゃべるな」

いかにもおとなくさい意見をいったとしても、子どもたちは、また平等で話しあいをするでしょう。

「おまえ、お祭りの小づかい、なんぼもらった?」

「おら十円、おまえは?」

「おら百円」

「すごいな。金持だからな」

「んだ。どうして、お前のうちで、十円しかくれね？」

「貧乏だからよ」

「それから、子どもがウヨウヨいるからか」

「んだ。でも、おれたち、大きくなって、かせぐようになると、らくになるといったぜ」

「バカだな。その時は、百円もらわれるかな」

「そうだな。そのとき、おれ、子どもでないよ」

「それから、いつかは、貧乏人などいなくなる世の中になると、にいさんがいったぜ」

「うん、そうなるといいな」

「ほんとにいいな」


上級生のクラスなら、この会話が教室にもちだされれば、いい研究材料になるでしょう。そして、ここから、もっと、つっこんだ、生きた社会においたつものの生きかたが、はじめは社会正義の立場から、やがては、科学の立場から、すらりと研究されるでしょう……。

家庭においたのでは、期待することのできない果実をもたらしてくれるところが学校です。多くの個性と、さまざまな環境からの産物と接触して、じぶんを、生きた世の中においたつものにきたえていくところ、この第一の旅先が学校です。いいところにしたいものだと思います。

2 学級共和国

むかしから、学校や学級を、自由と平等と友愛を旗じるしにする小共和国につくりあげようとすることは、さまざまな人びとによって、いくたびかこころみられたと思います。

そして、そのたびに、さまざまな批判もおこなわれたわけでしょう。その一つに、「それはあまい考えだ」というコトバもあったと思います。あまきにすぎるという人は、学級とか学校というところに来ているものは、乗合自動車の乗客みたいなものだ、それぞれ利害の相反する家庭から出てきている。ここに、平等だの友愛だの共同だのという徳目をもちこんだところで、それは観念の遊びにすぎない——というのでした。

けれども、毎日まいにち、「一日のうちの四分の一にもみたない時間ですが、五十人なら五十人、六十人なら六十人の生きた子どもたちと、いっしょの生活をつづけているあなたは、これを、たちどころに承認することができるでしょうか。たまたま映画館にはいった人でさえ、禁煙と書いてあれば、タバコは吸わないし、他人のじゃまになるソフトはとるでしょう。まして高声にはなしこむことはつつしみます。

としたら、かしこいものになりたい、世の中のことを知りたい、りっぱな人間になりたいと、いちおうは共通のねがいをもち、みんなといっしょになってでなければ、教師との勉強もつづけられないクラスの子どもたちが、一つの愛情、一つの規律にむすびつけられることは可能でなければならない、と考えるにちがいありません。

わたくしも、そう考えた人間のひとりでありました。とにかく、このクラスの中だけは、貧富のけじめなどをのりこえた、家柄や身分のちがいなどに気をくばる必要のない、専制君主も、へつらう家臣もいない、自由で平等な、愛情にみちあふれたところにしたいと考えたものでした。

この小共和国の精神が、やがては、子どもたちが、おとなの世界を見るときの批判の土台となり、じぶんたちが、おとなの世界をつくるときの信条になるであろう、こう考えることは、あるいはロマンティックすぎるものかもしれません。しかし、幼い子どもたちの脳ずいにしみこんでいた一本気な正義感といったものが、敗戦直前の軍需工場の乱れた生活——軍のかさを着た大小の上役が、個人主義者のコチコチであったことなど——に、どんなに反感を感じていたかを、わたくしじしんは、この目で見て、よく知っているのです。とすれば、その限界さえしっかりつかんでいれば、このロマンティシズムも、あるいは、いちおう肯定してもよいのではないかと思います。

「子どもの目ほど注意深く、鋭く、勘のよい目はなく、どんな小さなことでも、子どもの目ほど、見事に捕える目はない、このことを忘れてはならない」とM・カリーニン*もいっております。わたくしたちは、この子どもの目を信ずるかぎり、このような目をだいなしにしない限りにおいて、学級共和国や学校共和国をつくりあげてもよいのだろうと思います。

その共和国成立の精神が、上から与えられた古い概念や、おしつけの観念やに律せられることのないように気をつければ、あまりたいしたまちがいはおこらないだろうと考えます。マカレンコのいう「集団の規律」が、「みんなの幸福を守るために」「すべてのものがかしこくなるために」という気もちを根底にもって、おたがいの努力によって作られ、守られていくならば、学級共和国の中で、子どもたちの精神を、利己的なものから社会的なものへ前進させていくことは可能だと思われます。

そのためには第一に、教師諸君が、専制君主のふるまいをするようであってはいけません。自己の怒りは、クラスのみんなのことを思うときだけに、子どもたちの前に表現されねばなりません。教師の個人的感情で、むやみにしかりつけたくなるならば、あなたは、もはや、その共和国の指導者であることをやめたがよいでしょう。

第二に、子どもたち自身も、他人のコトバや行為を批判し、はいせきするときには、みんなの利害というものを、ただひとつのモノサシにして行なうように訓練しなければなりません。

第三に、この共和国の人びとは、歴史の進歩に根底をおいた立場から、人びとの生活をひきあげていくための友情とはげましを、たがいにやりとりしなければなりません。

こういう関係のなかでこそ、子どもたちの生きた社会においたっていく精神の根底はきずかれましょう。

そのようなことについて、具体的になされなければいけないしごとの一つ、二つをかきつけましょう。

子どもボスたいじ

自分が生まれた家の権勢をかさに着たり、自由になる物（このばあいには品物や金だけでなく、とってきたカブトムシだの、スズムシだの、ひろって来た黄銅鉱のかけらだのであることもご存じでしょう）をたてにとったりして、クラスの仲間を、てしたにする、にらみつける、はいせきする行為を、てってい的になくさなければいけません。子どもたちじしんに、それをぼくめつさせるようにしむけねばなりません。

バイキン殺し

みんなが静かに勉強しているときにジャマするもの、学級の規律をみだして、人びとをいらいらさせるもの、これに対しては、クラスのバイキンという称号をしばらく与えてみるのもよいことです。彼みずからが、そのことにはじて、身をひるがえすまでの、明るい忠告が必要です。「私は、どんな点で、クラスのみんなからきらわれているか」――こういうことについて、みんなに自己反省をかかせてみるのもよいことです。

責任者制度

みんながおたがいに気をつけるといっても、責任者がいなければ、まとまらぬものです。(おとなの世界を考えてごらんなさい)そういうときは、子どもたち自身の希望をきいて、「わたしは教室の机が、いつもキチンと並んでいる係になる」「ぼくはいつも新しい花をたやさないように気をつける係になる」「わたしはガラスの係」「ぼくは黒板の係」とえらばせてから、一週間のあいだでも、それに気をくばる習慣をつくらせたらよいでしょう。ひとりひとりの子が何かの分担をもっている、じぶんがなまけると、みんなのそんになる、そのような組織をつくるのです。

暴力なくし

ボスたいじの一種でもあります。はなしあいでわかりあうことを第一とします。暴力をふるったものは、その日から一週間、毎朝みんなの前で、暴力を受けた方の子どもの頭を、なでてやるおこないを、かならずしなければならないおきてをつくりましょう。頭をさすってやりながら、「ぼくの口はなまけもの、ぼくの口はなまけもの」とじゅもんのようにとなえさせる方法もきめましょう。

自由な発言

なんでもいえる自治会をつくりましょう。このときばかりは、つつみかくしのないおしゃべりの機会にするのです。不平不満を、どしどし出しあって、どうしたらよいかを、みんなで考えさせましょう。みんなの意見で、集団の規律をつくりあげる、ただ一つの立法機関にいたしましょう。はげしい批判精神を育てる場所にもしたいものです。

たすけあい

学習のときでも、「じぶんだけができるようになっても、それが、よその人のためにならなければ、あんまり役にたたないものだ」ということを、こころの底からわからせましょう。そして、おくれたものをなくするための、自然なたすけあいをやらせましょう。

博士の意見

先生は専制君主であってはいけませんが、なんでも知っており、知らなければ勉強してくる能力があり、高い立場からの意見がいえる、モノシリ博士になりましょう。生活博士でもけっこうです。「博士の意見はどうですか?」ときかれたら、自信たっぷりに答えることが必要です。教師の権威は、この共和国では、うんと大切にされなければなりません。したがって、この博士は、みんなの上をいつも考える愛情と知性のもちぬしであらねばなりません。

教師は、勉強に力をつくさなければなりません。

これぐらいにしておきます。この共和国で培われた市民的精神が、どこまで役だつものになるかは、べつのしごとによる補いがなければならないとおもいます。もちろん、この共和国にも、浮世の風がどしどしはいってくるでしょうし、また、そうであるようにしなければいけないとは思いますが、しょせん、温室は温室のそしりをまぬかれないからです。

3 外に向く目を

——三年間の中学校生活で、一ばん心にしみたことは「なせばなる、なさねばならぬ、なにごとも、ならぬは、人のなさぬなりけり」という歌をひいて、先生が教えてくださった人生訓です。わたくしは、これを思うと、じぶんの努力がたりないことが、いつも反省されてなりません……。

こういう文章をよんだことがあります。一九五〇年の末のことでありました。

もしも、これが、中学三年間の最大のたまものであるならば、なんという悲しいことでありましょう。さびしいことでありましょう。このように、「内に向かせる目」だけを大切にするならば、それは昔の修身教育と同じです。古い日本の道徳教育への逆もどりです。チクチクと、自分の胸だけをつついて、ことのなりゆきのうまくなさを、すべて自分に負担させようとするやりかたです。

一九四八年から、五〇年にかけての日本、その生きた社会を、すなおにながめたなら、「ならぬは人がなさぬなりけり」で、かたづくようなコトガラがあるでしょうか。「なせばなる」と個人の善意や勤勉が、りきみさえすれば、たちまちなるようなことがあったでしょうか。なかったということは、同じ年に中学三年生を終った『山びこ学校』の子どもたちの記録にみてもあきらかです。あなたの日々のくらしをみても、教育民主化の歩みをみても、「ならない」のは、わたくしたち善意の人間の努力のたりなさによるのではなくて、社会そのもの、それをうごかしている物質的な法則によることがわかるでしょう。

わたくしたちは、今までの日本の「内に向く目」の教育を、「外に向く目」の教育に切りかえたはずではなかったでしょうか。「内に向く目」を養われすぎていたために、外でやられていることの事実を、つかみとることと、それに対する批判をもつことに、無力であったことを戦後のいましめとして、強く考えたのではなかったでしょうか。

わたくしたちは、自分をとりまく生きた社会、現実の生活にこそ、よけいに目をむける教育をしなければならないのです。もしそうでなくては、社会的現実を大きくゆりうごかしているものの正体がつかめず、したがって、わたくしたちが、今なにをなすべきかを自覚することは不可能なのでしょう。小さな商売ひとつをつづけるのにさえ、あたりほとりをながめまわさなくてはしごとを順調に運ぶことはむずかしいのです。

生きた現実から学ぶこと、その現実が生きもののようにうごいているなかから、大きな教訓をつかむこと、それは、幼少のときから、「外に向く目」を養うことなしには期待できません。教員組合の運動方針をたてるにも、まず一般情勢の分せきからはじめると同じように、わたくしたちは、子どもにも、じぶんの外でうごきにうごいている現実を、すなおにみつめる目を要求したいと思うのです。『山びこ学校』の子どもたちは、この目をひらかれており、ますから、その当然の結果として、この村、この生活をよりよいものにしていくには、どうしたらよいだろうかとの疑問をもちだしています。生きた社会のもっている問題につきあたり、その問題を解くには、「もっと勉強しなければならない」といっています。

生きた社会においたつもののためには、この困難な現実も、そのまま見せなければなりません。それに目をおおう人間につくることは許されません。それは、子どもたちにとって、気の毒のようにも思われるかたがあるでしょう。「もっと夢を！」といいますが、その夢は、この現実をはなれてみるべき夢ではなく、この現実の上に立ってこそみる夢でなければならないのです。

そして、いまのように、もののけじめがはっきりしてきた時代には、その夢をみるにも、苦労することはないのです。「税金のことを気にかけないでねてみたい！」「もう一人ぐらい子どもを育ててみたい!」このような夢はたちどころにみられるのです。「トラクターの走るたんぼにしたい」という夢も『山芋』の大関松三郎*ばかりでなく、働きつかれている農民の子のすべてがみられる夢なのです。夢はつねに、問題意識とともに出てくるものなのです。

「外に向く目」は、「歴史にきく目」に発展しなければなりません。人類の歴史からいって、今のわたくしたちはどこにいるか、日本という国はどこにいるか、どんな進行途上を歩いているのか、どこに向かっていくべきだろうか——ここからこそ、その町、その村、その家の進むべき道もみきわめられます。

このことについては、「歴史をつくるものとして」のところに、ややくわしくかいてありますから、ここでは省略いたします。

教師のしごととしていえば、先進的な人間としての自信をもって、子どもたちのゆく手に、光をかかげてやることです。方向を示してやることです。子どもたちの「外に向く目」を、「歴史にきく目」に向かわせながらも、また最後には、「人間の可能性」を実現させるために、ひとりひとりの魂を変革させることです。ここではじめて、「内に向く目」も、じめじめしたものではなく、光りかがやく行動の目となるでしょう。現実の生活をみるときだけでなく、本をよんでも、他人のはなしをきいても、先覚者たちの伝記に学んでも、うしろをふりむくのではなく、前へ、前へと歩みを進める人間に育つでしょう。

この意味で、生きてうごく社会においたつものの魂をゆすぶる教師の目は、そしてコトバは、つねに新鮮なものでなければなりません。

——教師が前に行くときに

——子どももひとりで前に行く

このことばを、わたくしたちは、しずかにかみしめたいと思います。

第5章 教えるものの確信のために

1　わたくしは先生です

『村の女教師』というソヴィエト映画を見せてもらったことがありました。それは、革命前のくらい時代からはじまる筋でありましたけれども、いまのソヴィエト国家の教師に対する考えかたが、あざやかにうつしだされているかに思われました。

モスクワの師範学校を出たばかりの若い女教師が、みずから志願して、シベリヤの寒村に赴任していくのです。ついたところは、まことにさびしい雪深いところでありました。学校は単級小学校です。

はじめて教壇に立つ日、九時になると、彼女はつかつかと教壇にのぼりました。子どもはひとりも来ておりません。けれども、彼女は、子どものいない机に向かって、よびかけます。

「みなさん、わたくしはワルワーラです。きょうから、みなさんといっしょに勉強します。あなたがたは、きょうから、ただの○○さんとか、××君ではありません。あなたがたは、きょうから生徒です。そして、わたくしはあなたがたの先生です。わかりましたか？」

目の前に、その生徒たちはいないのです。けれども、ろうかの方から、声がかかりました。

「わかりました」

さっきから、目をまるくして、新来の先生のようすをのぞき見していた子どもたちが、思わず答えたものでした。

わたくしは、この場面を見ているあいだに、ふと涙ぐましくなりました。

この若い女教師は、じぶんを「教える人」としての確信にみちて、はじめての自己紹介をしたのです。

「あなたがたは、わたくしの生徒です！」

わたくしは、教師としての理性にうらづけられた静かな愛情を、このコトバから受けとったのです。人の子の教師であるからには、何としても、「教える人」でなければなりません。教えない先生は、卵をうまないめんどりと同じでしょう。教える人のいない学校は、真の学校ではありません。それは粉をひかない水車小屋のようなものでしょう。

はたして、その映画の中の村の女教師は、教える人でありました。空のかなたを、渡り鳥がわたれば、「渡り鳥の話」を、子どもたちの前でできる先生でありました。天空にニジがかかれば「ニジの出るわけ」を、すらすらと教えられる教師でありました。革命の波がおしよせれば、「世のゆく先」を、「歴史の歯車をあとにもどすことはできないわけ」を、確信にみちて教えることのできる教師でありました。

かくて、年うつり、月たち、彼女は老女教師になっていきました。新しい国家は日ましに成長していきます。それにつれて、彼女の教えた子たちのあいだからは、人民の国家にとって有能な青年男女が、ぞくぞく育っていきました。そのなかには、うら若い女教師になったものもありました。

さて、その女教師が、どうでしょう。

はじめて教壇に立った日に、子どもたちによびかけているのです。

「わたくしは××です。あなたがたは、何というお名前ですか？　〇〇さん、△△さん……そうですね。けれども、きょうからは、あなたがたは、ただの〇〇さん、△△さんではありません。あなたがたは、わたくしの生徒です。そして、わたくしは、あなたがたの先生です。いいですか。わたくしは先生で、あなたがたは生徒です。わかりましたか？」

はたで、その光景をうちながめていた老女教師のほおには、あたたかい微笑がうかんでおりました。そして、その目には小さな涙が光っておりました。老女教師の新しい後継者、「よく教えるもの」が、このようにみごとに再生産されているからでしょう。

『緑の学園』というフランス映画をごらんになったかたがあるでしょう。あの映画の先生パスカルは、古い教育に、全力をこめて反抗した人でありました。神聖視されている教壇をぶちこわさせるような教師でありました。この映画の原名を、「やぶの中の子どもたち」というように、自然の中に、子どもたちをとびこませて教育した先生でありました。村の支配者たちからは、「なまけ学校」と悪口される教室を経営した人でありました。

だが、しかし、パスカルは、はたして、「教えない人」であったでしょうか？　いいえ、そうではありませんでした。たしかに「教える人」であったのです。

パスカルは、子どもたちに、さかんな討論をさせています。思うぞんぶんに、めいめいのいいたいことをいわしております。けれども、もっとも必要な時がくると、彼は、

「ぼくにもいいたいことがある！」

先生としての考えを、自信にみちたコトバでしゃべりだすのでした。

パスカルが毛虫のごとくきらったものは、「教えごとをすること」ではなくて、「古めかしいことをつめこむこと」であったのです。たしかに、彼は、彼の祖国の先覚者、十八世紀の啓蒙家たちの「自然の事物、外界のことがらから、じかに学ぶ」ことにまねて、子どもたちを、自然の事物、社会の事物の中に投げいれました。その点で、彼は、長い間の古めかしいつめこみ主義の教育、フランス教育の伝統的固さのために、生かされなかった、じぶんの祖国の先輩のよいものを、生かそうとする意欲をもやしました。しかし、彼は、けっして「教えない人」にはなりませんでした。大切なことを、教えるべきときには教える教師になっていたのです。だからこそ、彼の子どもたちは、生きた事物とてらしあわせて、自由なフランスの伝統的精神、歴史的ほこりを身につける人となったのでしょう。

国の体制がどうであれ、このことは同じだと思います。わたくしは、教師である人たちに、ぜひ教える人になってもらいたいと思います。「教えごと」をすることに、おく病でないものになってもらいたいと思います。新教育では「教えてはならない」というような迷信が、いつからともなく、どこからともなく、はびこっていることに、わたくしは、大きな不信と

不満を表明します。

教えない教師は、人類の幾千年かの歩みを、ひとりひとりの人間が、もう一度くりかえせとどなっているような非能率的な考えの持ち主です。先を進んでいる人びとの方向を、親切に教えようとしない、すでにひらかれている道を教えようとしない、いじわるで、無能な教師です。

すべてのことを「生活経験からは教えられないものだ」ということを知らない教師です。みんなの人が、すべてを発見することはできない、このことを、まったく知らない教師です。

このことについては、あとに、もっとかきたいとおもいますが、わたくしは、いま、あなたにおすすめします。おそれることなくさけびなさい。

「わたくしは教師です！」と。

2 何をこそ教えるべきか？

早がてんをするかたよ。まあ、まあ、しばらくお待ちください。

わたくしは、「もとに帰るのだ」などとはいっておりません。もとに帰って、キチン、キチンと教えるのだなどといっているのではありません。

もとに帰るのだという人は、えてして、ツメコミをするのだと考えやすいのです。けれども、この「つめこみ」が、役にたたないものだということは、マーク・トウェーン*（アメリカの作家）のつぎのお話が、皮肉に批判しているではありませんか。

「先生、わたくしどもは、腰かけから立ちあがります。そして、あわてないで、順々とろうかににげだします」

ある学校の先生は、「もし火事が起こったばあいにはどうするか？」との問いに、いつも、こういうように、おうむがえしに答える訓練をしていましたが、ほんとうに、火事が起こったときには「あわてないこと」も「腰かけから立ちあがること」も「順々とろうかににげだすこと」もあてにならなかったという話……。

子どもの頭はカラッポだと考えて、なんでもかんでも、つめこみさえすればよいのだという教育の考えかたは、今どき、だれも信用してはおりません。

わたくしが「教える」というのは単に「暗記させる」ということでもありません。

もちろん、暗記させねばならないものも、たくさんあります。かけざんの九々などは、そのひとつです。これを暗記させないで、そのつど、そのつど、「発見」させていては、ものの用にはたちません。数学の公式なども暗記させなければなりません。ひらがな、カタカナ、漢字なども、暗記させなければなりません。リンカーン*とか、ワシントン*とか、ルーズベルト*とか、トルーマン*とか、孫文*とか、蔣介石*とか、毛沢東*とか、レーニン*とか、そんな名前なども、暗記させなければなりません。ある種の記憶は、あくまでも必要です。記憶することを軽んじる教育はおそろしい結果を招くでしょう。

「何といったっけね。中国の父といわれている何とかいう人が、はじめて、封建制清朝をくつがえす国民革命をやり、それについで、何といったっけね、一ばんおしまいに石という字のついたその人が、そのあとをついで、国民の統一のためにつとめたが、ほんとうに外国からの支配をなくすることはできなかったし、国民の幸福を保障することはできなかった。そこへ、何といったっけね、そうだ、ケザワヒガシという人が、人民のために……」

　こんなことでは、こまった話ということにもなるでしょう。

　でも、すべてを暗記でやっていくことはまちがいです。いらないことまで、暗記させられて困ったものは、わたくしたち自身であったわけです。

　それでは、わたくしは、何を教えなければならないというのでしょうか。

　直接、子どもたちの五感にうったえて学ばせることのできないものは、本からの知識や、先生のお話の中で教えていく必要があるわけです。

　また、人類がすでにつくりあげてきた歴史的内容、文化遺産のかずかずなどは、なにも、いちいち、それをつくりあげてきた何千年かの過程を、ふたたび子どもたちにくりかえさせて、いかにも「発見した」という形式にして、理解させる必要はないというのです。そんなことは、とうていできません。そんなことをしていたら、社会や文化の進歩は、ちちとして進まないことになってしまうというのです。

それから、もうひとつ、われわれの歴史がつくりあげてきた科学の成果によって、その方向がはっきりしてしまっていることがらは、「いく先は、こうだろう」と、確信にみちて教えていってもよいのだということです。

ああでもない、こうでもないと、へたな討論をさせていて、むだな時間をついやしているよりは、てっとり早く、

――それはこうだといわれている。

――何百年か前に、こうだときめられて、そのように進んできている。

――よその土地では、このようにして解決されている。

――外国では、ずっと前に、このようになっている。

社会的・歴史的な立場から、キチンとした見とおしをつけてやり、系統をたててやる必要があるというのです。

バヒフ（馬皮風、ジフテリヤのこと）になったといって、神や仏、民間療法をとさわいでいるよりは、血清注射がいちばんだということを、てっとりばやく教えてやりたいというわけです。

東北の農村の人たちを幸福にするものは、勤倹貯蓄や、副業奨励や、海外発展や、救農土木工事や、有畜農業や自力更生ではなくて、封建的な土地制度からの解放だったということ

を、生きた事実とひきくらべて、先進的な国の実例とてらしあわせて、ズバリと教えてやらなくてはいけないというのです。

都会の労働者とその家族たちの生活のくるしさをなくするものは、生産手段の私有の克服、つまり社会主義以外にはないといわれていることも、学問の主張するところにしたがって、教えていくべきだというのです。

その教えかたには、さまざまな方法があるでしょう。単に説教してもいけません。型どおりのつめこみでもいけません。ばかのひとつおぼえみたいなスローガンのけしかけでもいけません。真になっとくがいくように、子どもたちが、五感にふれて知りかつ感じていること、希望していることに、完全にマッチして、教えていかなくてはなりません。そのためのくふう、それには、教育という、非常にふくざつで、微妙な過程である事業にしたがう人びとは、ぜひ努力しなければなりません。

何をこそ、わたくしたちは教えるべきか。——もっとも基本的なものを教えなければなりません。人間を幸福にしていくための、正しい物の考えかた、見方、行動のしかたを教えなければなりません。社会の進歩をはかっていくための、新しい社会に変えていくための、科学的な、体系だった知識を教えていかなくてはなりません。それを教えられた人間じしんが、自分を変革していくような、そういうものを教えなければなりません。

それといっしょに、人間をゆたかにしていくために、とりあえず必要な知識も教えなければなりません。物の見方や考え方の土台になる。よみ・かき・計算の知識は、何より先に教えなくてはいけません。たいていの人間なら身につけておくべき芸術上の知見も、ある程度には養っていかなくてはなりません。生産的人間になるための科学・技術の土台についても、一定量の知識は教えていかなくてはなりません。

そういうものを教えることができること、らくな気持で、じぶんのコトバにして教えられること、それが教師であるあなたの「権威」です。

3 世の親たちのねがうもの

それはどういうことでしょうか。子どもたちを丈夫であらせたい、かしこいものにしたい、りっぱな人間にしたい、ということです。

「丈夫であらせたい」という希望にこたえる教師の任務については、人のいのちを大切にする教育として、すでに、前の方にのべました。

ここでは、「かしこいものにしたい」ということについて、あなたといっしょに、少しばかり考えてみたいとおもいます。「りっぱな人間にしたい」ということについては、べつのところでふれましょう。

わたくしは、昭和五年の春から約八年のあいだ、東北のあるひとつの農村小学校の教師をしておりました。自転車で二十分ばかりのあいだを通勤しておりました。

奥羽線のふみきりをこえると、道はたんぼ道になるのでした。冬は一面の雪原をつらぬく、ただひとすじの、よろよろ道となりました。その道にはいると、すぐに学校が見えました。朝の光に校舎のガラスまどは、美しく輝いておりました。ひくいワラ屋根の農家にぬきんでて、学校はキ然とそびえたっておりました。みすぼらしいワラ屋根のあいだに、遠目にも美しい近代建築、それをながめると、わたくしの胸には、ひとつの感がいがわきました。あのりっぱな明るい建物は、いったいだれがたてたのでしょう。なんのためにたてたのでしょうか?

ワラ屋根の下の、うすぐらい中に、とぼしい暮しをつづけている百姓たち、手内職をしている人たち、小さなあきないをしている人びとが建てたのです。税金と労力を出してたてたのです。かたむいた壁、ゆがんだ床、あらむしろをしいて、その上にそまつな物を食い・とぼしらな眠りをとり、戸外に出ては骨がゴトゴト鳴るまでに働く、しんぼう強い人たちが、わが子わが孫かわいさのために建てたのです。

なんのために? 子や孫たちを、かしこいものにしたいからです。りっぱな人間にしたいからです。

月の御山《みやま》のいや高く
徳を養い得させんと
最上《もがみ》の水のいや深く
知えをたくわえ得させんと
山川清きこの里に

この学び屋はたてられたというのです。古めかしい文句の歌ともいえましょう。知えをた、く、わ、え、というところに、明治以来の注入主義教育の名ごりが見えるとの批評もあびせることができるでしょう。

けれども、とにかく、学校というところに期待をよせるものは、ゆたかな知えをみがくこと、かしこい人間に育ててもらいたいこと、これであったといえましょう。わたくしは、この期待を、ほんとうに人間的なもの、日本の百姓たちにふさわしい歴史的なものとみたいのです。

「先生、おらあ、子どものときは、ろくに学校にもあがりませんでしたし、休まされてばかりいあしたから、うちのガキびらだけはと思いあしてな」

「頭がなくては損します。だまされます。小さいときの勉強だけはやらせなくちゃあ、だめでがんす」

いくたびかきかされた農民たちの気持は、そのことを証明しています。

「先生。家の野郎など、にて食っても、塩つけて焼いて食っても、けっこうです。アバラ骨コ、一本ぐらい折ったってかまいません。きかなかったら、ぶんなぐって、みっしり教えてもらいます」

まことにらんぼうなコトバですが、これは、ぜひ、かしこいものにしてくれとのたのみなのです。

これらのコトバの底には、学問がなかったために損をしたこと、いつも下てにばかり出ていなくてはならなかったこと、ちょっとのことに失敗をかさねること、ごまかされてばかりいたこと、それへの反省がこめられているのでしょう。自分たちよりは、よほどマシな子どもにしたい、この子どもたちの時代だけは、もうすこし貧乏でないくらしをさせたい、上のものや仲間のものからだまされることのない生活をさせたい、それには、少しはかしこい子どもにしたい、いや、うんとりこうな子どもにしたい、これこそ、ひとの子の親の真情でなくてなんでありましょう。愚民化政策のもとに、目をとじてきた日本農民たちのひとつの目ざめでなくて、なんでありましょうか。

けっきょく、親たちは、子どもたちに教えてもらいたいのです。だから学校もたてたのです。毎日毎日、子どもを学校にも旅だたしてよこすのです。

そして学校には、先進的な人びとがいるものと期待しているのです。その先進的なもの、教師に、よいことを、よいものを、じっくり教えてもらいたいのです。疲労にみちた労働にひきずりこむ前に、幼いうちに、ためになることを教えてもらいたいと思っているのです。

「うちのカッ子、ほんとにバカでな、先生、せめて、おらよりは、リコウになってくれればと思っていますのにな。先生」

「でも、先生に教えてもらうようになったら、なんてことなしに、勉強がすきになったようですな。ありがたくてよ。先生」

ものさしは、学校のしごとにあてられているのです。

「勉強のことは、わっすらには、わがらねえからなあ、先生。全部おまかせしましたで」

学校には、学校のしごとがあるのでしょうといっているのです。忙しい労働にうちこんでいる人びとからみれば、まったくそうだろうと思われます。

この最大の信頼にたいして、

「教育というものは学校ばかりでやるのではありません。家庭も、世の中もひとつになりまして……」

こんな答えをするのは、少しばかり見当がくるっているのです。

「承知しました。まかせてください。学校でしなければならないことは、わたくしたちがいたします。ひきうけました」

こう答えてやることが必要です。ここでは、家庭教育や、社会の教育にたいして期待し努力すべきものなどは、話題の中心になっていないのです。それは、べつのときに、ゆっくりはなしあうべきものなのです。学校のはたすべき、ごく初源的で本質的な役割を、本能的なするどさで、いっているのです。

ですから、こんなところへ、親と相談しなくてはできないような宿題などを出してやってごらんなさい、

「お前らの先生、先生でないのかな？　なぜ月給とってるんだ！　先生でない、おらたちに教えてもらえというのか！」

こういう批判が出てきます。そして、

「このごろの学校は、何をしてるんでしょうね。さっぱり教えていないようではないですか。この字を何とよむの、この計算をどうするの、千二百年前ぐらいに、日本にあった事件を家できいてこいのなんて、なんのことやらわかりませんね。いったい、新教育というのは、どういうものかわかりません」

こういう母親の非難も出てくることになるのでしょう。

このようにみてくると、わたくしたちは、学校の社会的機能というものを、親たちのねがいの根源的なるものに土台をおいて、もう一度考えなおしてみることが必要だと思われます。親たちのねがいを満足させることができないとすれば、人の子をあずかる教師の役目ははたされますまい。いわゆる学力低下などということは、親たちの真情にむくいるに、あまりに

なさけない現象です。かしこいものに育ててもらいたいと切望している親たちに、少しもかしこくしないみたいな、バラバラ社会科などを、「これこそ新教育の中核的作業です」などといって示すことは、なんとも申しわけのないことではないでしょうか。

ここからも、わたくしたちは、「教えるもの＝教師」の役割を、ハッキリ自覚したいと思います。

それは、たしかに、いまの親たちには、はだざわりのわるい教育方法があるにはあるでしょう。討論法だの、自発的学習だの、計画的学習だの、学校の外に出ていくことの多い勉強だのと。この肌ざわりの悪さについて、じぶんたちの受けた教育のやりかたを土台にして、非なんをしてくることに対しては、いちおうの啓蒙は必要です。しかし、その啓蒙をするときに、ほんとうに子どもたち自身が、かしこくなっていなかったり、必要な知識や技能を身につけていなかったりしたんでは、べん解の余地もなくなりましょう。

最高にすぐれたものは、最低のものなどを、すでに満足させているものでなくてはなりません。最低のものを満足させないものが、最高のものであることはできません。

それにまた、いまの親たちの学校に対するねがいが、最低のものだなどときめてかかることもできません。むしろ、それは、最も基本的なものであるかに、わたくしには思われます。よみ・かき・計算の力からはじめて、必要なものは教えること、そして、子どもたちを「かしこいもの」にしてもらいたいこと、これが基本的な必死なねがいでなくて、なんでしょうか？

もっと高度のもの、つまり「かしこいもの」の「かしこい」の内容に何を入れるか？　これについても、世の親たち、人民たちは、世の中の現実に即して、だんだんその要求を入れてくるようになるでしょう。げんに、組織された労働者階級は、そのことについても、部分的な発言はしています。農民たちにしても、それは同じです。社会の要求とは、こういうものでなければなりますまい。

わたくしたちは、今まで、「社会の要求」といえば、資本主義社会の要求だけをきかなければならなかったし、その方にばかり耳をかたむける風習がありました。大衆にきく方が、わすれられていたのです。これからは、新しい社会をつくりたいと欲している人びとの声にも、耳をかたむけねばなりません（これについては、「第3章　生きた社会においたつもののために」の章でふれてあります）。

とにかく、わたくしたちは、学校を建て、子どもをそこによこしている、おとなたちの希望にきいて、わたくしたちの任務をはっきりさせなくてはならないと思います。

そうすれば、ひとりよがりの観念論的教育学がなんといおうと、アメリカ風の人生哲学がなんといおうと、わたくしたち教えるものの確信にひとつの大きな支柱が出てきましょう。

教えない教師には、ひとの子をあずかる権利はありません。教えない学校はぶちこわされる義務があります。

4 教えるからこそ教育だ

めいめいの人びとが、じぶんのことをふりかえってみたらよいのだと思います。その方向や考え方は、ちがうにせよ、似ているにせよ、同じにせよ、わたくしも、あなたも、なんらかの外部世界に対する認識をもっています。人間としての意識、なんらかの意味で、ある程度に成長した社会意識、社会的人間の意識をもっております。それをたよりにして、日々の行動をしております。それから、ある種の技術（文章をよむ技術、道具や機械を使う技術など）をもっております。

ところで、それらの知識や認識、技術は、どのようにしてあなたやわたくしの身についたものでしょうか？

いちばん、わかりやすいものからいいますと、わたくしは、ひとどおりの日本語文章はよめますし、またかけます。これを、かりに、文字を読む技術、文字をかく技術とよぶとすれば、この技術は学校で教えてもらったから、わたくしのものになったのです。わたくしは、母のからだから生まれたばかりのときには、そういうものを、いっさい身につけてはいませんでした。具体的には、学校にはいって、一年生のときに、菅原弘治という先生から、ハタ、タコ、コマ、ハト、マメ、マスと片かなの五十文字を習い、つぎに二年生のときに、佐藤正太郎先生から、平がなをならいはじめておぼえ、同時に漢字も、それぞれ先生から教えられておぼえこんだのです。家の中で遊んでいたり、野原を観察していたときに、たまたま発見したのではありません。一夜こつ然として、さとりがひらけるように、神さまからさずかったのでもありません。しんぼう強く教えてもらい、また教わったものを、じぶんも練習したからこそ、おぼえこんだものです。教えられるうちに、また練習するうちに、脳ずいのどこかにこびりついたものだろうと思います。

わたくしは、初等数学の知識を、ほぼ知っており、また数的処理も、ある程度にはできるようになっています。そして、これも生まれながらにして知っていたのではありません。教えられておぼえこんだのです。手が二本あることは、右と左にあるので、具体的には知っていましたが、これを二本、あるいは二つと数えることは、だれかに教えられておぼえたのです。二割引ということの意味も、10分の2だけひくのだということは、何分の一ということを知らされて、十分の二のことは、〇・二とかき、これを二割とよぶことを知ってからおぼえるようになったものです。

わたくしは、また、おふろにはいると、わたくしの身体と同体積の水の重さだけ浮力を受けることや、フリコの等時性の原理を知っていますが、これも、学校で教えられて、なるほどと思うようになったのです。アルキメデス*やガリレオのように、自分で発見したものではありません。たしかに、わたくしも、ふろにはいると、湯こぼれのすることや、水の中で石をもちあげると軽く感ずることや、ブランコをゆすると、前後に同じ調子で往復することなどに気づいてはおりました。しかし、それが浮力とか、等時性とかいう一般的な原理にかなうものであることは、教えられておぼえたのです。

地理や歴史についても同じです。わたくしはヨーロッパにも行っていませんし、足利時代にも生きておりませんでした。しかし一七八九年のフランス革命についての知識と、そのときの人民の気持も、ある程度には知っておりますし、イギリスのランカシアやマンチェスターの土地が産業革命の中心のひとつであったことも知っています。応仁の乱のときの百姓たちのくるしみかたにも共鳴ができるのです。これも、学校で教えられたり、ものの本で教えられたから知っているのです。

その教えかたに、じょうず、へたのちがいはあったでしょう。ツメコミ主義で教えてもらったか、事実をたくさん出してから、非常に理解しやすい方法で教えられたか、そのへんのところには、それぞれの違いはあったでしょう。しかし教えてもらったことだけは事実です。

わたくしは、日本の農業技術を飛躍的に発展させなければ、農民の生活がゆたかになり、文化的にたかまることは不可能であることを今は知っています。だから、他人にもそれを話しますし、農民の全部が、そのことを知り、自覚し、そのために適切な行動をしてほしいとのぞんでおります。しかし、農業技術を発展させるには、日本の農民を封建制度のきずなから完全に解放しなければならないこと、今では独占資本の農民からのあくなき奪取をやめさせなければどうにもならないことは、外から教えられた知識によって知ったのです。それは本からもよみとりましたし、他人の話もきいたためです。

はじめから、そのとおりにさとったのではありません。農業経済の理論や、諸外国における農民政策の歴史などから教えられたものであります。たしかに、わたくしも幼少のときからの経験で、百姓というものは忙しいものだ、しごとのしかたは、なんと素朴なものだ、百姓が本や新聞をよむ時間と機会というものは少ないものだということを見聞し、すなわち五感にふれる事実からさとり、なんとかして、日本の農業技術を機械化したいとか、もっと合理的なものにしなければならぬとか、そういうことは自然発生的に考え、それにしても、百姓が土地を持たなくて、年貢をおさめてしまえば、その日の生活にもこまるようでは、どうもならないとは、これも自然発生的に考えましたが、これを解決するものが、封建制からの解放の土地革命であり、また労働者との同盟による資本主義的体制の超克であることは、教えられなければ、自分の考えになっただろうとは思いません。

つまり、どこでも、五感にふれたことから、自然に認識したものに即して、すでに理論的に結論づけられているものを、適切な形で、わたくしの脳ずいの外から「教えられた」からこそ、じぶんの身につけたのだとおもいます。わたくしが、資本主義社会を克服しなければ、多くの人びとの幸福が保障されないだろうと信じているのも、そういうやりかたで、外部から教えられたためだとおもいます。

こうしてみてくると、人間の認識が発達していく過程には、五感にふれたことがらから自然発生的に学び、結論づけていく面と、それに即して、論理的に外部から教えられて、ひとつの結論にみちびかれる面と二つの要素があるようです。もちろん、この二つは、つねに統一され、それは生きた自然や社会の中で、ものごと（その中心は生産的労働と政治的実践）をやっていくなかで、よりいっそう発展していくものであります。ひとつの論理的認識は、さまざまな実践の中で、また、五感にふれたところからくる自然発生的・感性的な認識とてらしあわされて、その真実性を確かめられ、さらに高いものに発展されていくでしょう。

ですから、わたくしたちは、教育というものは、教えることだと考えるのです。子どもたちに、かれらの諸経験から得たものを、ありのままに提出させ（それは口頭による発表、文筆的表現、絵画的表現その他によるのを問わない）、あるいは具体的な観察や研究や調査をさせて、その目で見、心で考えたことを発表させ、それに論理的な知識をふりかけてやることによって、かれらの認識を、一定方向にひきあげてやる、みちびいていく、高めていく、組織づけていく、そういう意識的な過程だと考えるわけです。

それゆえ、教育というしごとから、「教師が教える面」をとりさってしまったら、それは教育ではないということです。それは自己成長とか、自然的成長ということではあっても、教育による成長・発展ではないだろうと考えます。これは、わたくしひとりが考えることではなくて、少なくとも、教育という社会現象・社会過程をまじめに観察し研究する人ならば、だれでも考えていることなのです。

こうなると、わたくしたちは、大いに教えなければならないということになります。わたくしが、「よみ・かき・計算」の技術からはじめて、理科の知識や社会についての知識をもったのは、みずから発見したものではなくて、教えられたものだと告白したのは、そのためです。たしかに、わたくしたちは、確信をもって、教えるしごとをしなければなりません。教えないような教師は教師ではないと、はじめにかいてあるのも、そのためです。「教育とは可能性をひきだすことだ」とか、「自由に発展させることだ」とか、「自己成長の障害になるものをのぞいてやるために協力することだ」とか、そんなことはみなウソです。それは、ある場合に、文学的・随筆的表現としてはゆるされるかもしれませんが、理論としては許すことができません。

なるほど、巡査はドロボウをつかまえたり、交通整理をしたりする役目の人らしいということは、一年生や二年生の子どもでも、ときどきの見聞で、自然発生的につかみとっているかもしれません。そうして、こういう素朴な認識を、教室で発表させることは、教育の方法からいって大切なことです。一・二年生では、そんなことがらをもとにして、「生命財産をまもるためにはたらいている」といった結論になるものに到達させてもよいでしょう。しかし、そのときでさえ、三・四年生には、君たちが自然発生的にえた認識を、世間一般では、もっと総かつ的に、こういうコトバで、「生命財産の保護」といっているということを教えなければなりません（生命財産の保護というコトバは三・四年生には使えませんでしょうけれども）。

そしてこのようなときでも、子どもが、じっさいの見聞によってえて来た結論だけをとりあげて、こっちから、なにも教えないなら、それは学校教育ではありません。ドロボウをつかまえるとか、交通整理をするぐらいなことは、学校で教えなくても、社会生活の中で、自然におぼえてくるからです。もし教えるとすれば、巡査というものは、そこらへんのヤオヤさんや、おかし屋さんや労働者などとちがって、じぶんの自由意志ではたらいている職業ではないということを、教えなくてはならないでしょう。法律の命ずるところにしたがって、はたらく人間だということをわからせなければいけないでしょう。このコトバどおりには、教えられないでしょうけれども、そういう趣旨はのみこませた方がよいでしょう。五・六年生などには、とくにその必要があります。

もしそうでないと、工場の争議の現場へ、多くの武装警官がトラックにのって走っていき、門内にとびこんだといったことを見聞したときに、その五・六年生たちは、工場の中に、ドロボウはいないまでも、悪者どもがいるにちがいないと早合点をしてしまうでしょう。もし、そのとき、法律によってうごく職務の人間たちだ、とわかっておれば、

「どんなきまりによって、やってきたんだろう」

という疑問が生じ、それが、教室の中にもちこまれたばあいには、労働争議のとりしまりの法規みたいな「法律」が、たくさん出ていることを、わたくしたちは教えることができましょう。そして、さいごには、警察というものは、国家権力のひとつの機関であることをも教えることができるでしょう。

さて、ここで、「巡査」とか「交番」とかを、いわゆる単元にして、警察の役割とか、国家権力の一機関のことについて学習させていくという指導法が、教育方法として有益なものか、効果の多いものか、価値の高いものかということは問題です。いまの社会科では、こういう疑問さえさしはさまないで、「巡査がドロボウをつかまえる」「交通整理をしている」という現象について学ばせさえすれば、ことたりるといった考えかたが強いようです。そこらにころがっている現象を、コトバになおして表現する、これだけで社会科の勉強は終ったように考えているのです。ここにも自然発生的な成長にとどまってしまう根拠が生まれます。先生から教えられることの少ない社会科ができあがります。

しんじつのところ、もしも、その社会科が、正しい社会科であるためには、その社会についてのもっと根本的な認識をやしなわなければなりませんし、その社会に欠陥があるならば、その事実と、それをなおしていく方法を学んでいかなくては、社会的人間として、意欲し行動していくための力は生まれません。そのときには、他の国の現在や、かつてのその国の歴史的教訓も参考に教えられなければなりません。そのとき、教師という人びとは、よほど、しっかりした知識をもっていて、確信をもって教える任務を果さなければなりません。だからこそ、教師という職業はむずかしい仕事であり、尊い仕事でもあるわけです。

わたくしたちが、子どもたちの具体的経験や五感にふれてつかまえた自然や社会の現象、事物を大切にするのは、そこにとどまるためではありません。かれらが、そこで得た自然発生的な認識を、そのままにとどめておくためでもありません。その事物や現象から学んだものにはたしかに尊いものがあります。あるいは自然および社会の本質に、ずばりと切りこむほどのものもありましょう。しかしまた浅薄きわまるものもあるにちがいありません。子どもたちのことですから、それは、まちがいなく、まちまちなものにちがいはありません。教師であるわたくしたちはそういうものを土台にして、出発点にして、

(1)にはそのもろもろの現象や事物、それからとらえた感性的な認識を、分せきし、総合し、せんたくを加え、秩序だて、もっと本質的なものをつかみとる方法・態度を教えなければなりません。ただちに社会科学や自然科学の知識を教えこむ、つめこむのではなくて、そのような方法の基礎を子どもたちに理解させなくてはならないでしょう。これも教えることのひとつです。科学的精神の育成というものがこれです。

(2)には、その場合に、子どもたちが、具体的経験からとらえてきたものにてらしてみて、もはや、このことは理解がいくとわかったら、今までの人類が蓄積して来た歴史的な内容をもっ

た知識、文化遺産になっている学問・芸術の成果を、思いきって教えなければならないでしょう。たとえば、「そういうことは、フランスでは、今から百五十年以上も前に、このようにして解決した」とか、「ソヴィエト・ロシアでは、今から三十四年前に、このようにして実行してみて、今はこのようになっている」とかというように。または、「そういうことは、今から約百年ばかり前に、ダーウィン*という学者が、『種の起源』という本で、このように明らかにしてしまっているし、そのうち、人間の歴史に関しては、その後、エンゲルス*という学者が、『猿から人間へ』の本の中で、別なみ方をしている」とかというように。そうすれば、子どもたちは、理科の勉強についても、もっとせいださなければならなくなるでしょうし、地理や歴史についての確かな知識が必要だということにも気がついてくるでしょう。また人間の不幸というものが社会的な欠かんから生まれるということについては、ビクトル・ユーゴー*が『レ・ミゼラブル』という小説で生き生きとあばきだしているわけだというように。

このごろ大きく評価されている生活綴方のしごとは、自然や社会の現象や事物を、バラバラなものとしてではなしに、生きた全体としてつかませ、表現させ、そこからえた感性的な認識（感情をふくむ）を、学級の中に提出させるという点で、大きな教育方法上の意義をもっております。また、その生きた内容を題材にして、子どもたちに、大小さまざまの問題意識をもたせるべく、検討させるという点でも、大きな意義があります。しかし、そこからは、全教育のすべての成果が、すぐれたものになっていなくては、大きな期待はかけられないだろうと思います。

つまり、ここからあとは、人類の歴史や文化遺産・科学の立場にたち、生きてうごく国内的・国外的情勢の中で、正しく「教えていく」という分野にはいるからです。つまり、「自然や社会の生きた事物から学ばせながら、生活の見かた・考えかたを教えていく」という生活綴方の方法は、こんどは、「人類の歴史や科学・技術の成果を教えることによって教えみちびいていく」という、他教科をはじめとする全教育の分野の方法と結合して、より完全な人間陶冶の道にたどりつくわけです。

子どものかいた絵がどんな美しくても、それがウソであればダメだというのも、この間の消息をかたるものでしょう。かいてしまってから、ウソだと発見させるよりは、途中でウソだと教えた方が能率的だし、また、教育としても正しいでしょう。ウソのことに、そう一生けんめいにならせることは、罪なはなしです。というのは、こういう例があったのです。

——ある地方の専売局で、葉煙草耕作奨励をやっておりまして、そのためのポスターを、小学生たちから募集したのです。さて成績発表のときには、例によって、一等当選の絵には金紙がはられたわけですが、それには、

——葉煙草耕作は一家繁栄のもと

というスローガンがかいてあって、百姓が、ふたばか三葉出たばかりのタバコ畑に、下肥を

かけている絵があしらわれてありました。たしかに美しく効果的な絵であります。これが一等でありました。

ところが、陳列されたのを見ますと、上部に金紙がはられてありますが、下部の方に、おとなのかいた字で、

——下肥使用は一家繁栄の敵

とかいてあって、そのわきに、「下肥施肥は葉煙草栽培の敵です」と説明がかいてあったのです。つまり葉煙草栽培に、下肥をつかうと、その葉は、火つきのわるいものになって、一文のネウチもなくなるというわけだそうです。これについては、先生にも、こういう知識がなかったから、しかたがないというよりほかはなかったでしょう。しかし、なかなかもって、教訓的なはなしです。形だけは新しく美しい今日の新教育が、教えるべきことを教えないでいると、このポスターみたいになるのではないかと思われるからです。

さて、その教えるばあいです。

もちろん昔風につめこみ主義であってはいけません。それは、いくたびか書いたとおりに、まず、子どもたちが自然や社会の事物の中でえた、さまざまの経験をもちよらせて、それらの蓄積が、いま教えようとする知識をもちだしても、十分に受けいれられる、理解できるという状態になったときに、パッと出してやるべきだと思います。そうすれば、子どもたちは、

その知識を、あたかも、じぶんがたどりついた結論のごとくに、じぶんの身につけるでしょう。このへんの呼吸は、その教師のウデにたよらなければならないものであって、かんたんに筆でかくことはできません。もちろん、子どもたちの討論が、バラバラであるため、先生の意見として、あるいは先人の成果として、これをおしだすというばあいもありましょう。

だから、ツメコミ主義になるか、いかにも、みんながみずから生みだしたような気持になる学習ぶりとなるかは、その教育者の創意性のいかんにかかわるところでしょう。ともあれ、教えることにまちがいはありません。

つぎに、一定方向に指導していくために教えると、さきにいいましたが、この一定方向に組織していくというばあいには、ある一つの価値判断が加わっているはずだし、問題は、その価値判断を、外部から与えられたものとしてではなく、みずからの胸にもえあがるものとして、自律的なはたらきをするようにさせたいものだ——ということもいわれます。これはどうでしょうか?

わたくしも、それは価値判断が加わるとおもいます。そのことについては、教師の「自己変革」のところで、ややくわしくのべましたから、ここではくりかえしませんが、要するに、「人類の歴史の進歩」を説きあかす科学にたよるほかはないでしょう。あそこでいった「新しい幸福追求のしかた」に有益なものが、いままでのあらゆる時代と社会に生みだされた学問・芸術・技術の精神をとって、教えられなければならないと思います。そういうものが、新しい歴史を作るものの自主的な判断力の土台となればよいと思うのです。

また、その判断力が、ツケヤキバではなくて、自分のものとなるようになっていなくてはならないということ、これも、日本のように、上から与えられた価値によってだけ判断することを強いられたおとなたちにとっては、大問題だろうとおもいます。あなたのような青年教師たちにとっても問題だろうとおもいます。しかし、これは、自分という人間も、社会の中のひとりであり、その社会は、人類社会の歴史によって、必然的に、一定方向にいかざるをえない、またそういう方向にいくことが、たしかに人びとの幸福になるのだという確信をもつように、子どもたちを、小さいときから育てていけば、あまり心配する必要も起こらないのではないでしょうか。

そして、わたくしたちが子どもたちに与えたい判断力は、そうしためんどうくさいことをいいだす判断力ではなく、人間の生活水準を向上して、大多数の人びとをどう幸福ならしめるかということを、いつも頭においた、歯ぎれのよい判断力でなければなりません。子どもたちは、じぶんたちが五感でふれた事実と、身につけた科学上の知識（その知識は、すべて、人間を幸福にするためにきずかれたものだけをえらんであるし）をひきくらべての価値判断をくだし、行動をするのですから、わりに、すなおに正しい価値意識・認識力を、自分じしんのものにしていくと思うのです。しかも小・中学校の教育というわけですから、そこらへんのところは、あまり深刻に考える必要はないのではないでしょうか。よくいわれる「子ど

もでもわかること」というのが、明瞭でよいのでしょう。(もちろん学年別の考慮は必要ですが)

わたくしたちが教えることは、正しく、自然や社会を認識し、自分が、この社会の中で生きていくための行動力のみなもとになる正しい知識の基礎(ごく幼少な子どものばあいには基礎の基礎)であってよいのでしょう。

補章

「君、中学校の師であれば」について

はじめに

一九五一年の夏に『君ひとの子の師であれば』が出版されて、しばらくたってからあともそうでした。あれから三〇年がすぎたいまも、まだそうであります。「なんとか中学校教師むけの〝君ひとの子の師であれば〟を書いてくれませんか」との声が、わたくしの耳にはいります。手紙でいってきてくるひともありました。

これに対して、わたくしは「いいえ。それは書くことができないのです。わたくしは新制中学のことをよく知りませんので」と、そのつど答えてまいりました。たしかに『君ひとの子の師であれば』には、小学校教師七年半のわたくしの経験からのものが書いてあります。それにもまして、戦前の初等教育、そのなかでの、無名の教師たちが創造した通常的な教育の遺産と、進歩的な教育の遺産とが、ともに紹介されております。また戦前に知られ、敗戦後の四、五年間にわずかずつ知ることができるようになった諸外国での教育遺産が紹介されております。それらのうちの原則的なものは、前期中等教育といわれる新制中学校の教育にもあてはめることができるかもしれません。

けれども、わたくしは、戦前の中等学校教員のしごとをしたことがありません。戦後もおなじです。また、あの本を書くころまでに、わたくしに、新制中学校の先生をしている友人や知人は、それほどたくさんはいませんでした。学校のようすや教科指導、教科外の指導について、こまごまと話してくれるひともありませんでした。それで、わたくしは、いつも「中学校でのそれは書けないのです。ごめんなさい」と返事をしてきました。そしてこのことは、いまも、それほど変ってはおりません。三〇年前よりは、すこしよけいに学校の事情を知ってはいますが、そこでの教師のありかたなどについて、先生たちに、あれこれもうしあげる自信は、やはりないのです。

しかしながら、この八〇年代にはいると、中学校と中学生たちのことが、いろいろと問題となります。それにつれて、教師のありかたに関しても、あれやこれやと論議されるようになりました。ついで、わたくしの心のなかにも思いまどうことが、つぎつぎとわきあがってきます。そこで、ここには、その思いまどうところから、中学校の先生たちに、ひそかにもうしあげてみたいとおもうことを、すこしばかり書きとめて、改版されるこの本のための新しい「補章」にしようかと考えました。ですから、これは「君、中学校の師であれば」そのものではなく、それについて書くことのできない人間の、ほんの申しわけ的な、あるいは独断的な文章ということになります。どうぞそのつもりでお読みください。

1 日本で一番不幸なひとたちの先生だ

0歳から100歳まで一億何千万人もいる日本人のなかで、いま一番「おもしろくない毎日」を送っているのが、中学一、二、三年生の男女の世代だと、わたくしは、いつも考えております。したがって中学校の教師である男と女のみなさんは、このような不幸な子どもたちを目の前にしている知識労働者だということになります。

いまの中学生たちは、人生全体から見れば、まだ「年はもいかない」人間なのに、こんな年齢のころから、将来の進路、就職のために、おのれの特性と能力を知れと強制されております。産業のための要員、労働力と見なされるところから、この「中学生」のころは「観察過程」だとされているからです。そのためテストと受験勉強と塾通いにひきずりこまれております。教育産業と進路指導係の先生にはさまれて偏差値測定の機械（?）にかけられております。老人ならテレビを見るとか、余暇をたのしむことをしていますのに、勉強々々で、その余暇はありません。

高校にはいったものは、ランクづけされたところのどんな高校、第何流とかといわれる学校に入学したとしても、とにかく学校にははいりました。そしてその学校には、そちこちの変った地域からみんなの通ってくるので、いままで見知らなかった人びとと友だちになることもできます。ここへくるまでに共通に悩みぬいたことについても話しあうことができ、心はすこしくなごむでしょう。しかし中学生たちは、ほぼ同じ地域の同年者たちと、肩のすれあうところで、不本意な日日の競争をしなければなりません。

中学生たちの世代は、年はもゆかぬといわれ、また食い盛り、育ち盛りといわれても、やはり思春期にさしかかります。異性への関心も、性的なものへの目ざめをも自分のものとします。おとなが楽しむことは、酒やタバコはダメと自制しても、自分たちも、やはり楽しみたいと思うでしょう。ところが、おとなの世界では、エロチックな、ポルノ的な週刊雑誌や単行本や映画などを、自由なこととしてながめていても、駅前や公園などには「青少年に読ませたくない刊行物は、ここに入れてください」などと書いたそれを家に持ち帰らずにすてていくための施設ができています。まるで、そこに書いてある漢字やひらがな＝文章を、中学生たちなどは読めないものだとでも考えているふうです。マンガ的とさえいえましょう。

学歴社会からぬけだすのだ、能力がものをいう社会をつくるのだといっても、祖父母や父母のうち、学歴社会のなかで、過去に長年学ばなかったものは、やはりさびしい思いをしてくらしております。からだとうでまえ、経験のつみかさねで生きていけるとされた農業や林産業や漁業の地域でも、小規模の経営では生きのこっていけません。国際分業をもととする総合農政下の小・中の農家では「百姓はおれたち一代限り」と、父母たちが、あきらめのことばを子どもの前ではきます。

中学生たちは、将来役人になるか、製造業や土木や運輸や通信などの労働者になるか、サーヴィス産業の労働者になるか、それを、あれこれ考え、進学への道をあゆまなければなりません。そこで、さきの特性と能力が問題となり、子どもたちをとつおいつさせます。こういうことが、大都市、中小都市、農山漁村を通じて共通のこととなってしまいました。

このような心の悩みと苦しみのなかで、欲求不満と情緒の不安定はつのるばかりです。しいられたマル暗記式、受験技術的学習と宿題は、学校でまなぶことのよろこびを、しだいに減退させてしまいます。このような心的状態の子どもたちが、家庭で学校で、あるいは居住地域やそこからすこしはなれた街角、公園などで、暴力や非行をはたらくことは、ごく自然なことだといってさえよいのでしょう。日本の国のなかで、一番おもしろくない日々をすごすものが、いま一番荒れくるうし、つっぱるというわけだからです。これは非行の低年齢層化傾向などというより、非行の最大苦痛層からの必然的な発生傾向とさえいってよいのかもしれません。

八〇年代に中学校の教師として生きるみなさんは、このような「日本で一番おもしろくない生活をしている中学生たち」の教師であることを、きもにめいじて知らなければならないでしょう。

2 大衆的な普通教育の学校の先生だ

それでは、このような不幸から中学生をすくってやるために、あなたは、どう考えたらよいのでしょうか？　まず、なによりも、さきに中学校の教育が、大衆的な普通教育の学校であること、あなたはその学校の教師であることを、もう一度ふりかえってみることが必要です。そしてそこから、いまの中学校の教育のすがたを改めていく道を、みんなでさぐっていかなければなりません。

なぜ大衆的な普通教育などというのでしょうか。このためには、戦前の中等学校のことを考えてみればよいでしょう。ふりかえってみれば、あのころ、中等学校へはいるのは、小学校六年卒業者のせいぜい一五％か二〇％ぐらいでありました。それよりすこし多くなった女学校というところでも、そこへはいるのは三〇％ぐらいだったでしょうか。したがって当時の中学校へはいるものは、みなエリートだったといってよいでしょう。えらばれたものとして、そのあとには旧制高校から大学へ、また専門学校へとのぼっていったのです。だから中学校は大衆的な普通教育の学校ではありませんでした。そして工業学校や商業学校、水産学校へはいったものも、中等学校ではありましたが、これも大衆的な普通教育ではありませんでした。むしろ中級幹部養成の実業教育という点では、なかば専門教育だったといってよいぐらいです。

ところが、戦後の義務制となった新制中学校は、国際的な傾向からいって大衆的な普通教育の学校となりました。これはより先進的な国ぐにでは後期中等教育をも大衆的な普通教育とする動きもあるなかで、前期中等教育と呼ばれるようになりました。こうして日本の十三、四、五歳の男女は、すべて大衆的な普通教育をうけるひとたちとなったのです。または、そのような教育をうけるべき権利をもつ世代となったのでした。

けれども、このような性質の教育は、やがて五〇年代なかばから動きだす経済成長のための労働力造出計画（人的能力政策《マン・パワー・ポリシー》）のため、後期中等教育（高校教育）が多様化されて、エリート教育と実業教育化とへの分離をしいられるなかで、やがてその実質を失いはじめました。前述のように、中学校教育を、多様化された高校へ選別していれるための「観察過程」におとしこんでしまったからです。

しかしながら、このような変化をとげていく原因は、産業界とか教育行政当局とかの強制だけにあったのでしょうか？　わたくしは、そうは思いません。エリート教育でなくなったところの新しい中学校を、大衆的な普通教育としてまもり、かつ育てていくちからが、教師の側にも、親たちの側にも乏しかったと考えるからであります。別ないいかたをすれば、敗戦後に、自分たちの過去の経験からして、もうすこし長期間にわたる教育＝前期中等教育を、わが子どもたちにも受けさせたいものと、あれほど熱烈に新制中学校の設立に期待をかけた親たちと、教師たちのあいだに、ほんとうの意味での大衆的な普通教育への認識がなかったからだろうと考えるのです。だから、わたくしは、中学校での教育がやかましくいわれるいまこそ、先生たちが、大衆的な普通教育の意味を考えなおさなければならないと、つくづくおもうのです。

3 まだわかい中等教育理論のなかに、あなたはいる

それでは、大衆的な普通教育としての中学校についての理解が、教師たちにうすいとは、どういうことなのでしょうか？

ひとつには、戦前のエリート養成的な中等教育観の名ごりというものもあるでしょう。しかし、これは、あなたのように進取的なかたは、ここからは抜けでているといってよいでしょう。それよりも、わたくしには、つぎのような事実が思いおこされます。それは教育についての歴史、あるいは教育という社会事実・現象を対象とした教育学、また教育思想の遺産といってもよいものです。

わたくしは教育史の学者ではありませんので、おおまかなことを、ひとつの独断をもまじえて、ここではいいます。そもそも、教育学の理論とか、教育にかんする思想といったもの

は、幼稚園と初等教育としての小学校での教育事実を対象として発達してきたものでしょう。それはユニバーシティ（大学都市）をのぞけば、何百年も前から存在したはずだからです。わたくしたちのならったコメニウス＊、ザルツマン＊、ルソー＊、フレーベル＊、ヘルバルト＊の教育思想なども、そこからでてきたでしょうし、ペスタロッチ＊や、ロバート・オウエン＊、ウシンスキー＊やマカレンコの実践も思想もおなじところを根にしてうまれたのでしょう。二十世紀の人口からあとにはじまった、いわゆる「新教育」の思想も、もちろん大衆的な普通教育としての幼稚園教育や小学校の教育を対象としてでてきたはずです。したがって大衆的な初等教育の歴史は西欧諸国でも古く、また、わたくしたちの日本でも、はや百年をこえるものとなっております。

　そのような歴史のなかで教え学ばせる内容としてのカリキュラムの構成も、教授学習の方法も、さまざまにくふうされてきました。学校教育を周囲の自然や生きた生活と結びつけることも、教育の客体である子どもたちの心理の状況、精神の発達のすじみちを研究することも、これにはいっております。

　これとくらべれば、大衆的な普通教育としての中等教育、その最初の段階としての中学校の教育はどうなのでしょうか。諸外国の例に見てもそれは、まだ、ごくみじかい年月をしかへておりません。その年輪はたいそうわかいのであります。ましてや大衆的な普通教育としての中学校での教育事実は、わたくしたちの日本において、わずかに三十有余年の経験しかもってはいないのです。

　敗戦後にこの新制中学校が義務制となったとき、教育学者たち、心理学者たちは、青年前期の心理学などを、外国での達成から移入して、しきりに説きましたが、日本の中学生たちの心理、精神の発達については、それほど具体的なものがでてきているとはいえないのでしょう（最近になって、官庁だの、精神病院だの、研究機関だの放送局だの、新聞社だのが、やかましくこれを論じたり、しきりに調査したり、報道したりしておりますが）。

　たしかに三十余年間のあいだには、生きた実践をつづけている熱心な教師たちのあいだから、貴重な報告がうまれるようにもなりました。しかし、それらも、それほど多いとはいえません。そしてこのような実践報告のうち、すぐれたものとして人びとから迎えられるのは、その中学校の先生たちが、小学校の先生たちと共同して、ともに学びあいながら実践にうつしたものが多いことを忘れるわけにはいきません。

　つまり昔のエリート中等学校での教育実践、授業から脱皮して、初等教育での教育の事実、それを理論的にまとめたものとしての教育の科学、教育学、教育理論あるいは教育にかんする思想から、謙虚にまなびとったひとりひとりの中学校教師、あるいはその集団が、この域に達しているのだといわなければなりません。だからこれには、小学校の教育から中学校での教育にうつったひと、はじめ中学教師として出発したのちに、小学校教師の経験を幾年かし、そのあと中学校の教師としてもどった人びとのよい成果などもはいります。

たとえば国語教育の大村はま*さんは、「国語教育の神様」などといわれ、ペスタロッチ賞などももらったひとですが、このひとの一番りっぱなところは、大衆的な普通教育の土台としての初等教育＝小学校教育を舞台として生まれた理論や実践の態度、方法などをとりいれている点でしょう。

それでは、これはどこからきたのでしょうか？　初等教育＝小学校での国語教育の事実を対象として研究された芦田恵之助*氏とその周囲から学んでいるのだといってよいでしょう。また岩手県にいる実践家の加藤光三*さんはどうでしょうか。千葉の安藤操*さんはどうでしょうか。山梨の石川宏子*さんはどうでしょうか。そのひとたちにも、何年間かずつの小学校教師の経験があります。その経験があるばかりでなく、小学校の先生たちといっしょの組織的で継続的な研究を、ずっとつづけているのです。

このサークルでの共同研究ということでは、福島県の佐藤淑子*さん、茨城県の太田昭臣*くん、千葉の有木勇*くん、岐阜の岩本松子*さんなどの例をあげてもよいでしょう、またこのような例には、日本の東の方だけでなく、静岡県、長崎県、熊本県などの先生たちからもあげることができます。いま、わたくしは、国語教育だの、つづりかた教育だのの面からだけ例をあげました。が、これは、ほかの教科や教科外の指導からもあげることができますが、それは略すこととしましょう。

さてここで、わたくしは、なにをいいたいのでしょうか？　あなたがはたらく中学校での

「教育学的遺産」は、まだまだわかく、ちっぽけでもあるので、あなたは苦労しなければならないのだということです。また、そのようなわかい教育学的所見しか所有していないところの教育学者や大衆的な現場教師の前に、世界的な傾向としての産業社会、情報社会からする、人類社会はじまって以来はじめてともいえるような要求と影響がいま中学生である世代におおきくおそいかかるところからくるむずかしい問題が、悪質な病気のようにひろがっているのです。

これは労働力造出というところからも、乱開発ということからも、消費生活、商品主義へのいざないというところからも、政治的、社会的、文化的、生活的にしつっこくおそいかかっており、そのことによって、みなさんのような中学校教師たちのしごとを困難きわまりないものにおとしこんでおります。

したがって、わたくしたちは、この「いまだわかい教育学的遺産」ということをふりかえりつつ、模索の道を切りひらきながら、この困難な事態に対処していく覚悟をもたなくてはなりません。現場教師も教育学者も、共同して、この切実な課題ととっくむことなしには、中学校教師としてのよろこびを、今日以後においてあじわうことは不可能といえるでしょう。

4 この中学生世代を救うものはあなたである

前に書いたような、日本人のなかで一番おもしろくない日々を送っている中学生たち、十三歳、十四歳、十五歳の男女世代は、毎年毎年現実に存在します。中学三年生の大部分が高校へ進学し、一部が勤労・労働に従事するようになったとしても、すぐに中学一年生がはいってくる。一年生は二年生になり、二年生は三年生となって、また、おもしろくない日々をおくらねばならぬ。そして、学校ではろくでもない勉強をつづけなければなりません。学校から帰ってからも、偏差値という亡霊にさいなまれながら、つまらない勉強をしなければなりません。そしてひとりの人間、ひとりの青年前期にいるものとしては、生理的な人間的な変化と要求に心をいためなければなりません。

「おまえは勉強さえすればよい。家のことやしごとのことなど考えなくてもよい」と父母たちにいわれる点では、あるいは物質的な面での苦労はしなくてもよいのかもしれません（わたくしはいま被差別部落の中学生や心身の障害をもつ中学生のことを、頭におきながらも、それにには直接にふれていないことをおゆるしください）。しかし精神的な面では、なんと荒涼たる生活をつづけていくことでしょう。

このような中学生たちを、どうして救ってやったらよいのでしょうか。社会を変えなければばなりません。中学校の制度をも、大衆的な普通教育の実現という立場から変えなくてはならぬでしょう。しかしそれには、たいそうな時間、年月がかかるでしょう。いま、あなたの目前にいる中学生のためには、間にあわぬということにもなるでしょう。

それでは、毎日の授業をおもしろくしてやればよいのでしょうか？　直接的な日常生活の指導にちからをいれればよいのでしょうか？　かれらの集団的な自立的な自治運動を、文化活動を活発にさせればよいのでしょうか？　それらも当然たいせつだといえるでしょう。

けれども、もっとたいせつなことは、この中学校を全体として、大衆のための人間的な普通教育の場にしていくことを、今日の中学校教師として、創造性を発掘しつつ、つくりだしていくための識見をみんなのものにしていくことでしょう。それにしたがった毎日毎日の実践を、ごくわずかでもよいから展開していくことでしょう。

中学校の先生たちは、それぞれが教科の担任でありますし、ひとつのクラスの学級担任となるひとも、それほど多いとはいえません。学校内でさまざまな係や主任といった役目をもつことがあっても、ほぼ全教科と学級担任の初等教育機関としての小学校のようにはまいりません。しかし幼稚園、保育所や小学校にだけのこっている大衆教育、普通教育としてのよい遺産にまなびつつ、わたくしたちの中学校を、子どもにとって「よいところ」にするための集中的意見をつくりあげ、それを実体化していくのは、やはり中学校教師のみなさんだと、わたくしは考えます。教育行政学者や教育制度学者、教育理論と方法の学者だけでは、そのための意見をつくりだすことも、教育事実をつくりだすこともできません。

それでは、このような世紀の事業の探求のための観点というのか、視点というのか、それをどこに見つけだしたらよいのでしょうか？

わたくしは、過去の初等教育としての尋常小学校と高等小学校の教育事実がのこした「よい遺産」に目をつけるところからはじめ、さらに、その八年間の教育をつつみこんでいた、ひろい社会としての「おとなの世界」がのこした「よい遺産」に注目するところからはじめていこうではないかともうしあげます。

それは、むかしの尋常小学校と高等小学校は、「おろかなこと」ばかりをしたのではなかったからです。また、尋常小学校と高等小学校に子どもたちをかよわせた親たちも、庶民として、生活者として、いまの親たちほどにゆがんだ教育についての考えかたは、やはりもたず、その意味で「おろかなこと」ばかりを、子どもたちのためにしたのではなかったからです。

ただし、こういったとて、わたくしは、いまの中学校をやめ、もとの尋常と高等の小学校をあわせて、八年間の義務教育に短縮せよなどというのでありません。エリート教育ではなかったその現実の姿から、大衆的な普通教育の理想をくみとることにより、いまのような「おろかな教育期間」におとしこまれている中学校をすくいだす道をさぐりとろうと主張するのです。

さて⑴に、むかしの尋常小学校と高等小学校（これにはいまの中学一、二年生がはいる）は、エリート教育の揚所ではありませんでしたので、先生たちは、子どもたちをひとしなみにそだてようと心がけました。小学校の教師たちには、中等学校の教師たちとはちがうしごとについているのだとの自覚がありました。そして思想的には保守的な教師たちにも、この心がまえはちゃんとあったのです。教師たちは相対評価だの偏差値などにはまどわされませんでした。ＩＱなどということもいわれましたが、それにはとらわれませんでした。

⑵に、権力者たちは、大衆的な子どもたちを、将来の忠良な臣民、つよい兵士、農本主義的なあつかいかたのなかでの勤勉で質素な農民、その農民からはなれて低賃金にあまんずる商工業労働者にする願望はいだいたが、それらをひとしなみに、産業国家、情報社会のなかの労働者・消費者にするべく、この期間「おろかな勉強ばかりをする中学生大衆」をつくろうなどとはしなかったので、教師たちも、いまのように不幸な中学生大衆を目前にすることはありませんでした。それで尋常小学校・高等小学校の子どもたちのことは、のんびりしたなかで、

よく遊べ——自然のなかで、道路で、広っぱで。
よくはたらけ——祖父母や父母・きょうだいとともに。
よく学べ——本からも、実際の生活からも。

とよびかけることができました。そして「知的な興奮」と「感情的な興奮」のよろこびを子

どもたちに与えました。

(3)に、農山漁村の親たちも、町の職人や商人や労働者の親たちも、子どもたちには家庭での手つだい、年長者といっしょの労働をさせ、そのなかで働くすべを教え、また働く人びと同士の人間としてのつきあいのしかたを、有言か無言のうちに教え、またさとらせました。勉強ばかりしいられて、遊ぶひまも、はたらくひまも、人びととゆっくりつきあうひまもない今の中学生たちとは、まるでちがっていました。身体のきたえかたや休息のしかたについても、飲み食いの節度についても、親たちは自分たちが心をこめてつくる食物を素材として教えました。魚の骨をこんがり焼いてたべさせたりして、子どもの骨や歯を丈夫にしました。

共同体社会のなかで、祭その他の行事にくわわるときも、道ぶしんや川ざらえに従事するときも、世の中のおきてというのを教えました。昔話（民話）や民謡をつたえるなかでは、伝統的な口承文芸の真実と美をつたえました。これを商業主義にまかせてはおきませんでした。自然物をつかってつくるオモチャや遊び道具のつくりかた、その遊びかたも教えました。

(4)に子どもたち自身も、ひろい天然自然のなかで、自然のものや現象に接し、春夏秋冬とうつり変るなかで、自然の生きた姿、そこにひそむことわり、その美、季節感などを身につけ、自然と人間とのふかい関係について考えたり感じたりすることが多いのでした。またからだや手足、指先をつかって、遊び道具をつくり、作物に接し、生きものをそだてるなかで、その身体・筋肉・神経のしなやかさを身につけ、自分が、しだいしだいに人間らしく育っていくよろこびをあじわいました。

もっとあげたいのですが、ここでは、これにとどめます。そしてわたくしたちは、このようなところから、これからの中学校を、大衆的な普通教育の学校、人間的な学校、物質的ばかりではなく精神的な生活のよろこびを自分のものにしていく、「よろこびの（〝観察過程〟などという牢獄、ワクぐみの学校ではない！）過程」としての学校にしていく観点ないし視点を見いだしうるのではないでしょうか。

わたくしは、このようなことを「中学校の先生」には、本気になって考えてもらいたいのです。

あとがき

きのう一日のつかれに、われを忘れて寝こんでいても、朝になれば、あなたは起きなければなりません。起きて学校へ向かわなければなりません。五十人、六十人の生きた子どもが、あなたを待っているからです。待っている子どもに、きょうもまた、なにか一つ、新しい、よいことを、あなたは教えてやらなければなりません。あなたは、生きた子どもを、親たちから、世の中から預かっている人なのです。重い責任をもっている「魂の技師」なのです。

わたくしのこの本は、その「魂の技師」たちに、どんな贈りものをするでしょうか。「理論と実践の統一」ということが大切だとしたら、わたくしは、この本を、教室の入口までゆくうちに読むような本にしたいと思いました。教室にはいって、あなたは、何かひとつのことをしでかすことができるでしょう。もしも、それができなかったら、わたくしは、本屋さんに、この本の紙型を焼きすててもらいたいと思います。

この本にかいてあることを、おかみで示した規定のどの教科のどの時間にやるかという問いには、わたくしは答えたくありません。子どもたちを、こう育てたいから、こういうしごとがしたいというだけです。そのあとは、あなたの豊かな創意性にまかせます。

すこしいそいでかきましたので不十分なところがあるかと思います。それは、またの日に訂正するつもりです。おわりに、この本をかくことを、しきりに勧め、終始めんどうをみてくださった東洋書館の大井徳三氏と編集部の入野正男君やみなさんに、心から感謝いたします。

一九五一年七月

国分一太郎

新書版のために

　この本の初版は一九五一年八月一日に東洋書館から出されました。同書館の大井徳三社長と編集部員入野正男君のすすめによるものです。当時わたしが「六・三バラック」と呼んでいた、ようやく建てたばかりのそまつな家の六畳間で、毎夜十五枚か二十枚ずつ書いては、つぎの朝手渡すというやりかたでまとめたものでした。わたし自身に急ぐ気持はなかったのですが、本屋の方がいそいだからです。

　本になったあとは、幸いに若い先生がたから喜ばれ、何回か増刷されたり、紙型がボロボロになったので新組みの本が出たり、いろいろしましたので、かなり多くの人に読まれました。そして、この本に書いてあるようなことは、今では、もう常識のようになってしまいました。それで、わたしとしては、この本の生命は、もう終ってしまったものと考えていました。

　ところが、こんど新評論が、これを東洋書館からゆずりうけて新書版にするというのです。わたしとしては、いまさらその必要もあるまいと思いました。しかし、ある時代にすこしばかり生命のあった本を、記念のため「文庫本」か「新書本」にしておいてくれる、という意味でなら、その光栄を与えてくれることに従わなければならないとも考えました。やはりわたしにもこの本に対する愛着があるからでしょうか。こうしたわけで、この新書版の本が出ることを、ここに正直に申しあげ、新評論の社長美作太郎氏のあたたかい心づかいに、しずかに頭を下げるだけです。そしてこいねがわくば、小著『新しい綴方教室』も、やがてその生命をおわり、文庫本ないしは新書本入りをする日の近かからむことをお願いします。

一九五九年一月

著　者

ヨハン・ハインリッヒ・ペスタロッチ（Johann Heinrich Pestalozzi, 1746～1827）スイスの教育実践家。フランス革命後の社会の混乱のなか、スイスの各地で孤児や貧民の子どもなどの教育に従事した。

ヨハン・フリードリヒ・ヘルバルト（Johann Friedrich Herbart, 1776～1841）ドイツの教育学者。主な著書に『一般教育学』（三枝孝弘訳、明治図書、1960年）がある。

ワンダ・リヴォーヴナ・ワシレフスカヤ（Wanda Wasilewska, 1905～1964）ポーランドの小説家。クラクフ生まれ。第二次世界大戦でソ連に亡命し、ポーランド「愛国者」同盟の会長を務めた。代表作に独ソ戦下の農村を描いた『虹』など。夫はウクライナの詩人、アレクサンドル・コルネイチューク。

部会議長を歴任した。

無着 成恭（1927〜）禅宗の僧侶で教育者。クラス文集を『山びこ学校―山形県山元村中学校生徒の生活記録』（1951、青銅社）として刊行、ベストセラーとなる。TBSラジオ「全国こども電話相談室」の回答者としても有名。

有木勇　1954年、日本大学文学部国文科卒。東京都の公立中学校教諭。後に千葉県の中学校教諭。著書に『未来に生きる子どもたち』（光陽出版社、1995年）がある。

良寛（1758〜1831）江戸時代後期の曹洞宗の僧侶、歌人、漢詩人、書家。俗名、山本栄蔵または文孝。号は大愚。「子どもの純真な心こそが誠の仏の心」と解釈し、子ども達と遊ぶことを好み、一緒によく遊んだ。

ルーサー・バーバンク（Luther Burbank, 1849〜1926）アメリカの植物学者・育種家。バーバンクがつくった品種は、シャスタ・デイジー（フランスギク）、とげのないサボテン、バーバンク種のジャガイモなど。

レフ・ニコラエヴィチ・トルストイ（Лев Николаевич Толстой, 1828〜1910）、帝政ロシアの小説家・思想家。ドストエフスキー、イワン・ツルゲーネフと並んで19世紀ロシア文学を代表する巨匠。

ロバート・オーエン（Robert Owen, 1771〜1858）イギリスの社会改革家。産業革命が引き起こした社会的問題に正面から取り組みながら労働者階級に対して教育を行うことで、新しい社会をつくろうとした。

ヨハン・アモス・コメニウス（Johann Amos Comenius, 1592〜1670）教育思想家。人類の平和と幸福の実現を目指しての活動を精力的に行った。『語学入門（Janua linguarum reserata）』をはじめ４冊の教科書を作成。

黄谷柳（ホワンクーリウ、1908～1977）中国の作家。日本の香港占領に対し、抗日宣伝活動に参加、のち新聞記者となり、朝鮮戦争に従軍して『戦友の愛』を著す。1947年から「華商報」に連載した『蝦球(シアチウ)伝』は代表作。

本庄陸男（1905～1939）小説家。元佐賀藩士の子として生まれ、代用教員や職工生活の後、師範学校に進む。小学校の教師として、東京の誠之小学校に勤務していたが、新興教育運動に参加し、下町の学校に自ら転任する。

マーク・トウェイン（Mark Twain, 1835～1910）アメリカの小説家。『トム・ソーヤーの冒険』の著者として知られ、数多くの小説やエッセーを発表、世界中で講演活動を行うなど、当時最も人気のある著名人であった。

毛沢東（マオツェトゥン、1893～1976）中華人民共和国の政治家、思想家。初代中華人民共和国主席。中国共産党の創立党員の1人で、長征、日中戦争を経て指導権を獲得し、1945年より中国共産党中央委員会主席を務めた。

マクシム・ゴーリキー（Максим Горький, 1868～1936）ロシアの作家。ペンネームであるゴーリキーとはロシア語で「苦い」の意味。社会主義リアリズムの手法の創始者であり、社会活動家でもあった。

マリア・スクウォドフスカ＝キュリー（Maria Skłodowska-Curie, 1867～1934）現在のポーランド出身の物理学者・化学者。放射線の研究で、1903年のノーベル物理学賞、1911年のノーベル化学賞を受賞。

ミハイル・イヴァーノヴィチ・カリーニン（Михаи́л Ива́нович Кали́нин, 1875～1946）ソビエト連邦の政治家。古参ボリシェヴィキとしてソ連の国家元首にあたる全露中央執行委員長、ソ連最高会議幹

ハリー・S・トルーマン（Harry S. Truman, 1884～1972）アメリカ合衆国第33代大統領。ルーズベルト大統領の死を受けて副大統領から大統領に昇格。日本への原子爆弾投下は、彼が投下命令書を承認したとされている。

ハンス・カロッサ（Hans Carossa, 1878～1956）ドイツの開業医、小説家、詩人。謙虚でカトリック的な作風であった。1948年、70歳の時にケルン大学・ミュンヘン大学から名誉哲学博士号を授与された。

日高 六郎（1917～）中国の青島市生まれ、1941年東京帝国大学文学部社会学科卒業。戦時中は海軍技術研究所嘱託として厭戦思想の研究などに携わった。この時期、ソ連と中国共産党を仲介役とする和平工作にも参加。

平野婦美子（1908～2001）国分一太郎、寒川道夫らの綴《つづ》り方教師とまじわり、教育科学研究会に参加。昭和15年『女教師の記録』を出版し反響をよぶ。著作に『愛児に贈る母の記録』（牧書店、1948年）など。

フランクリン・デラノ・ルーズベルト（Franklin Delano Roosevelt, 1882～1945）民主党出身の第32代アメリカ合衆国大統領。米西戦争の義勇騎兵隊で活躍した第26代大統領セオドア・ルーズベルトは従兄に当たる。

フリードリヒ・ヴィルヘルム・アウグスト・フレーベル（Friedrich Wilhelm August Fröbel, 1782～1852）ドイツの教育学者で幼児教育の祖と言われている。就学前の子どもたちのための教育に一生を捧げた。

フリードリヒ・エンゲルス（Friedrich Engels, 1820～1895）ドイツの社会思想家、政治思想家。カール・マルクスと協力して科学的社会主義の世界観を構築、革命運動、共産主義運動の発展に指導的な役割を果たした。

孫　文（スンウェン、1866～1925）中国の政治家・革命家。初代中華民国臨時大総統。中国国民党総理。辛亥革命を起こし、「中国革命の父」、中華民国では国父（国家の父）と呼ばれる。中国では孫文よりも孫中山の名称が一般的。

陶行知（タオシンチー、1891～1946）中国の教育家。名は文濬。1932年、字を知行から行知に改名。1923年、生産教育の実験学校である山海工学団を開設し、農民、戦災孤児等の救済、教育のために在野で活躍した。

ダグラス・マッカーサー（Douglas MacArthur, 1880～1964）アメリカ陸軍の将軍で、名誉勲章の受章者である。太平洋戦争終了後、1951年４月11日まで連合国軍最高司令官総司令部総司令官として日本占領に当たった。

チャールズ・ロバート・ダーウィン（Charles Robert Darwin, 1809～1882）イギリスの自然科学者。1859年の著書『種の起源』は自然の多様性のもっとも有力な科学的説明として進化の理論を確立した。

蔣介石（チヤンチエシー、1887～1975）中華民国の政治家、軍人。第３代・第５代国民政府主席、初代中華民国総統。孫文の後継者として北伐を完遂し、中華民国の統一を果たして同国の最高指導者となる。

戸塚廉（1907～2007）教育運動家。静岡県掛川市で小学校教員となり、昭和5年同人誌「耕作者」を発行。戦後は掛川市で「おやこ新聞」を発行。著作に『野に立つ教師五十年』（双柿舎、勁草書房発売、1978年）など。

野村芳兵衛（1896～1986）戦前の新教育の代表的な実験学校であった、東京の池袋児童の村小学校の訓導であり、のちに主事となって児童の村小学校の運営と実践を担った近代日本を代表する教育実践家のひとり。

加藤光三　岩手県で小学校や中学校の教師を務めた。教育科学研究会・国語部会所属。「教育国語」の編集長。

ガリレオ・ガリレイ（Galileo Galilei, 1564～1642）イタリアの物理学者、天文学者、哲学者。地動説を説き異端審問所審査で、ローマ教皇庁検邪聖省から有罪の判決を受け、終身刑を言い渡される。その後、軟禁に減刑。

クリスティアン・ゴットヒルフ・ザルツマン（Christian Gotthilf Salzmann, 1744～1811）ドイツの教育学者。ルソーの影響を受けて自然主義の立場を推進し、進歩的思想を発展させた。

小林多喜二（1903～1933）日本のプロレタリア文学の代表的な作家・小説家である。秋田県北秋田郡下川沿村（現大館市）生まれ。1929年に『蟹工船』を「戦旗」に発表し、一躍プロレタリア文学の旗手として注目を集めた。

コンスタンチン・ドミトリエヴィチ・ウシンスキー（КонстантинДмитриевич Ушинский, 1824～1871）ロシアの教育学者で、「ロシア国民学校の父」と呼ばれている。

佐藤淑子　福島県作文の会朗読グループ所属。1961年当時、福島市立福島第三中学校の教諭。

ジャン＝ジャック・ルソー（Jean-Jacques Rousseau, 1712～1778）フランスの教育思想家。人民にこそ主権があるという「人民主権」の概念を提唱。『社会契約論』（岩波文庫、1954年）など多数の著書がある。

ジョージ・ワシントン（George Washington, 1732～1799）アメリカ合衆国初代大統領。独立戦争の時には司令官として戦った。亡くなった現在でもアメリカ合衆国陸軍大元帥の階級にいる。

岩本松子　著書に『生活綴方における「方法」の問題』（東京図書出版会2002年）がある。

ヴィクトール＝マリー・ユゴー（Victor-Marie Hugo, 1802～1885）フランス・ロマン主義の詩人、小説家。日本ではジャン・ヴァルジャンを主人公としたヒューマニズム溢れる傑作長編『レ・ミゼラブル』で知られる。

ウラジーミル・イリイチ・レーニン（Влади́мир Ильи́ч Ле́нин, 1870～1924）ロシアの政治家。ロシア革命において主導的な役割を果たした。ソビエト連邦およびソ連共産党（ボリシェヴィキ）の初代指導者を務めた。

エイブラハム・リンカーン（Abraham Lincoln, 1809～1865）南北戦争時の第16代のアメリカ合衆国大統領。ゲティスバーグでの演説と奴隷解放宣言により黒人奴隷を解放したことで有名。共和党初の大統領。

大関松三郎（1926～1944）新潟県生まれ。太平洋戦争で出征し、南シナ海で戦死。小学校時代、生活綴り方運動のリーダー寒川道夫の指導によってすぐれた作文や児童詩を発表して教育界に注目された。詩集『山芋』がある。

太田昭臣（1930～）昭和・平成期の教育学者。主な著書に『中学教師』（岩波書店、1984年）、『子どもとともに考える進路・進学』（あゆみ出版、1984年）などがある。

大村はま（1906～2005）教育家。新聞・雑誌の記事を基にした授業や各生徒の学力と課題に応じたオーダーメイド式の教育方針「大村単元学習法」を確立した。主な著書に『大村はま 国語教室』（筑摩書房、1982～1985年）がある。

本書に挙げられた人物の紹介

芦田恵之助（1873～1951）兵庫県出身の教育者。1898年、東京高等師範学附属小学校（現在の筑波大学附属小学校）の訓導となる。芦田教式の創始者。小学校の国語教育に多大な影響を与えた。

アルキメデス（Archimedes、紀元前287～紀元前212）古代ギリシアの数学者、物理学者。流体中の物体は、その物体が押しのけた流体の重さと同じ大きさの浮力を受けるというアルキメデスの原理を発見した。

安藤操（1936～）千葉市の小・中学校の教師を務め、後に教育委員会指導課にも勤務。『写真集・千葉県下の昭和史』（全10巻、千秋社）、『房総ふるさと歳時記』（ふるさと文化研究会、1999年）など多数の編著書がある。

アントン・セミョーノヴィチ・マカレンコ（Антон Семёнович Макаренко, 1888～1939）ウクライナのベロポーリェ生まれ。帝政ロシアからソヴィエト社会主義連邦共和国に変わっていく時代の教育者。

イヴァン・ヴラジーミロヴィッチ・ミチューリン（Ivan Vladimirovich Michurin, 1855～1935）旧ソ連の植物育種家。独学で園芸を学んだのち品種改良の研究に従事し、新しい品種をつぎつぎとつくりだした。

石川宏子　著書『文学教材の読み方指導２』（桐書房、1988年）、『国語・文学の教育』（共著、一ツ橋書房、1978年）がある。

石田和夫　直木賞作家の三好京三の小説『体あたり先生』のモデルになった人物。著書『生き方を考える性の教育』（あゆみ出版、1978年）、編著書『夜明けの子ら』（春秋社、1952年）。

著者紹介

国分一太郎（こくぶん・いちたろう、1911～1985）

山形県東根市（現在）生まれ。

子どもと自然をこよなく愛し続けた教育者。

８年間の教師生活のなかで、生活綴方、生活教育運動に従事。戦後、教育、児童文学、評論などの分野で幅広い活躍を続けた。

主著に『教室の記録』（扶桑閣、1937年）、『新しい綴方教室』（新評論、1952年）、『生活綴方ノート』（新評論、1952年）、『しなやかさというたからもの』（晶文社、1973年）、『現代つづりかたの伝統と創造』（百合出版、1982年）、『ちちははのくにのことば』（晶文社、1982年）、「国分一太郎文集」全10巻（新評論、1983～1985年）その他多数。


君ひとの子の師であれば（復刻版）　（検印廃止）

1959年２月10日　初　版第１刷発行
1974年９月30日　新装版第１刷発行
1983年４月30日　新　版第１刷発行
2012年10月31日　復刻版第１刷発行

著　者　国　分　一太郎
発行者　武　市　一　幸

発行所　株式会社　新　評　論

〒169-0051
東京都新宿区西早稲田3-16-28
http://www.shinhyoron.co.jp

電話　03(3202)7391
FAX　03(3202)5832
振替・00160-1-113487

落丁・乱丁はお取り替えします。

定価はカバーに表示してあります

印刷　フォレスト
製本　中永製本所
装幀　山田英春

Printed in Japan
ISBN978-4-7948-0913-3

新評論　好評既刊　　あたらしい教育を考える本

国分一太郎

国分一太郎文集 1〜10巻　　＊5巻品切／他在庫僅少

生活に根ざした学びと生きるたくましさを重んじた国分教育論の原点!

[四六並製　264〜414頁　①2100円　⑩3675円　その他2310円]

宮原誠一・国分一太郎 監修

[新装版]教育実践記録選集 1〜5　　＊オンデマンド

「学級というなかま」「幼い科学者」「学校革命」など名編佳作を精選。

[A5並製　278〜336頁　①②3990円　③④⑤4095円]

宮原洋一（写真・文）

もうひとつの学校

ここに子どもの声がする

昭和40年代半ばの「あそび」の世界から見えてくる学びの原点。

[A5並製　230頁・写真多数　2100円　ISBN4-7948-0713-9]

宮原洋一（写真・文）

カモシカ脚の子どもたち

「あおぞらえん」からのメッセージ

22年間にわたる豊かな保育実践に、「生きる力」の育て方を学ぶ。

[四六並製　208頁　1890円　ISBN978-4-7948-0810-3]

あんず幼稚園 編／宮原洋一（写真）

きのうのつづき

「環境」にかける保育の日々

「環境」の視点に立った独創的な保育を行う幼稚園の実践記録。

[A5並製　232頁・写真多数　2100円　ISBN978-4-7948-0893-6]

＊表示価格はすべて消費税（5%）込みの定価です。

新評論　好評既刊　　あたらしい教育を考える本

中野光・行田稔彦・田村真広 編著

あっ！ こんな教育もあるんだ

学びの道を拓く総合学習

「学ぶことと生きること」が結びついた教育をめざす各地の豊かな実践。

[四六並製 304頁 2310円　ISBN4-7948-0704-X]

松田道雄

[輪読会版] 駄菓子屋楽校

あなたのあの頃、読んで語って未来を見つめて

「駄菓子屋」を軸に、人生と社会の未来像を描くための車座読本。

[四六並製 368頁 2835円　ISBN978-4-7948-0781-6]

野呂洋子

銀座の画廊巡り

美術教育と街づくり

無料の美術館＝画廊を起点に、実りある美術教育と街づくりを結ぶ。

[四六並製 284頁 2520円　ISBN978-4-7948-0882-0]

吉田新一郎

「読む力」はこうしてつける

「優れた読み手」が用いている手法の伝授法を具体的に指南。

[A5並製 208頁 1995円　ISBN978-4-7948-0852-3]

J.ウィルソン＆L.W.ジャン／吉田新一郎 訳

「考える力」はこうしてつける

オーストラリア発、思考力・判断力・表現力を磨く授業の手法を詳説。

[A5並製 208頁 1995円　ISBN4-7948-0628-0]

＊表示価格はすべて消費税（5%）込みの定価です。